I0469362

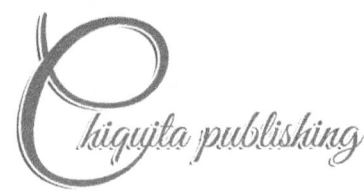

Tutti i diritti riservati. Nessuna parte di questo libro può essere riprodotta o trasmessa in alcuna forma o modo, elettronico o meccanico, come fotocopie, scansione e registrazione, o in alcun sistema di archiviazione e recupero di informazioni, senza il consenso scritto dell'editore, tranne a scopo di recensione all'interno di riviste, giornali o trasmissioni.

Chiquita Publishing - Copyright 2016

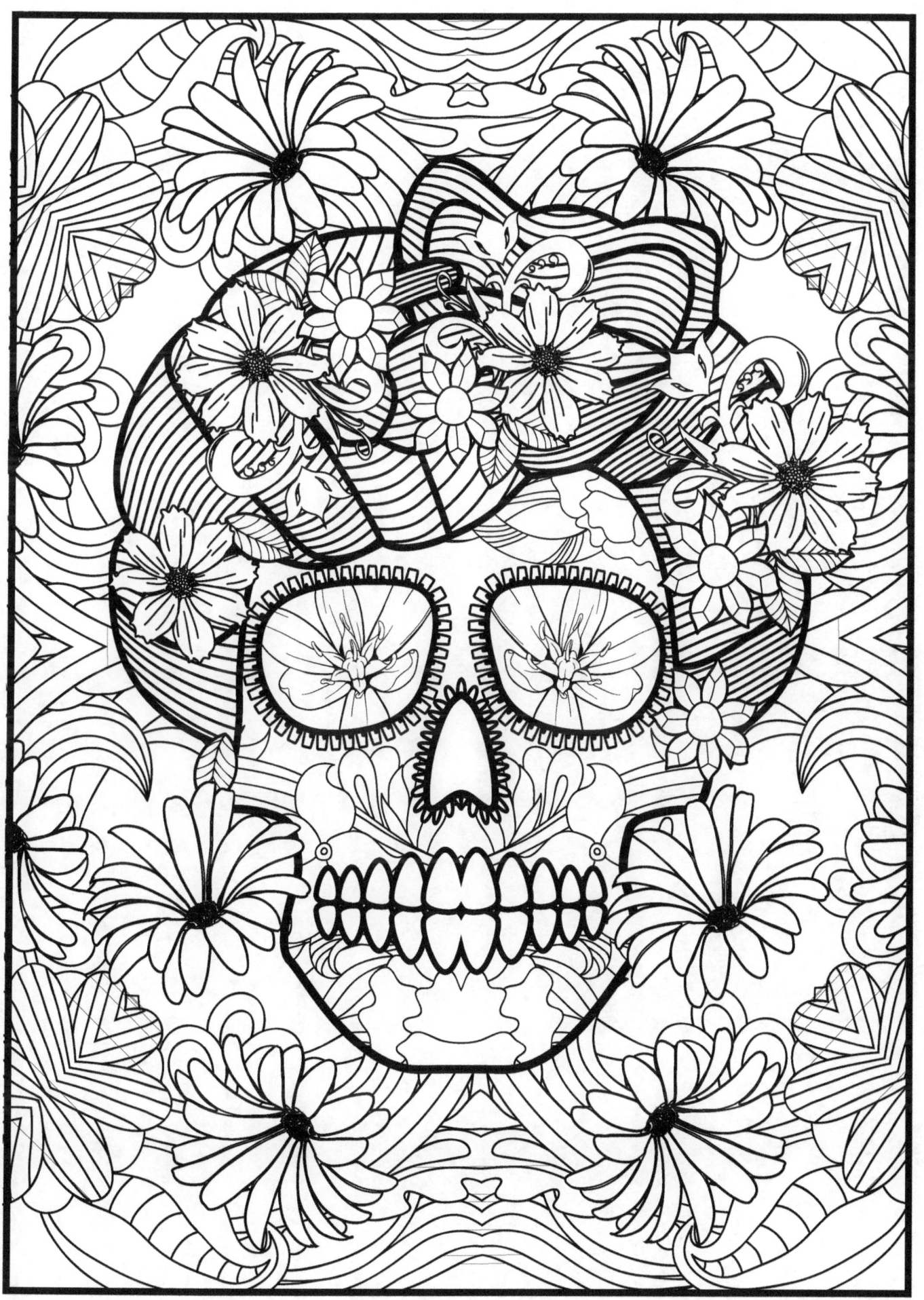

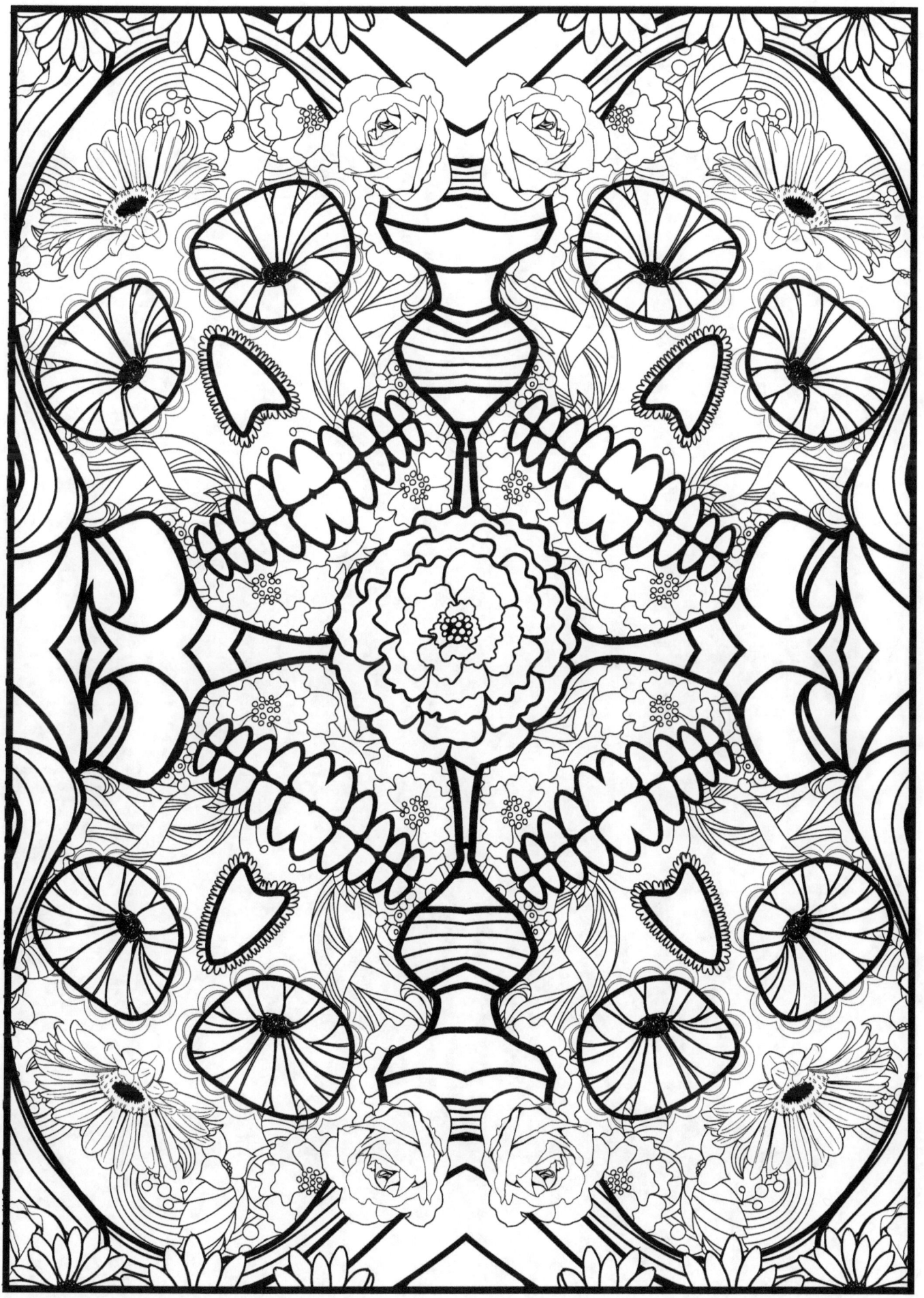

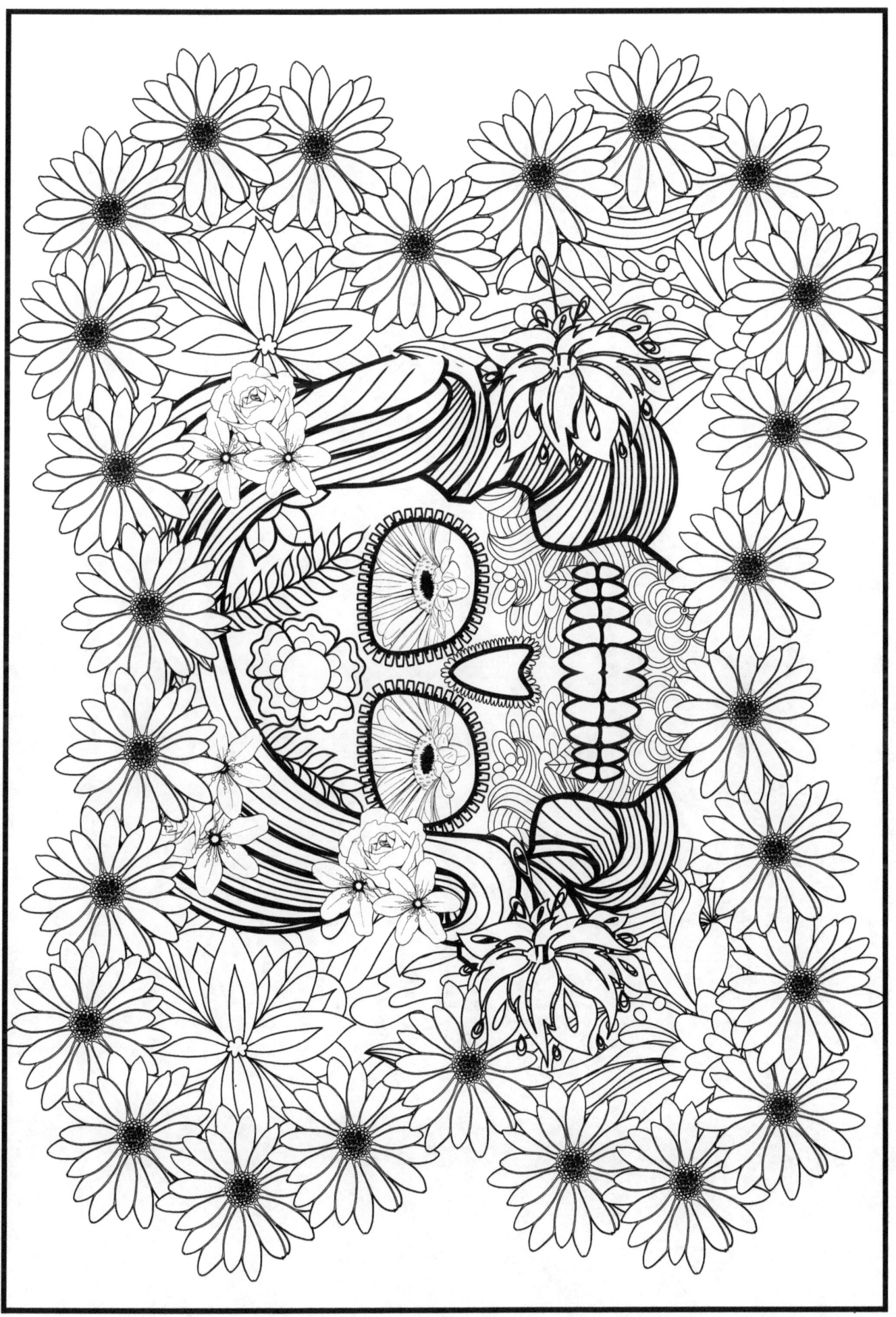

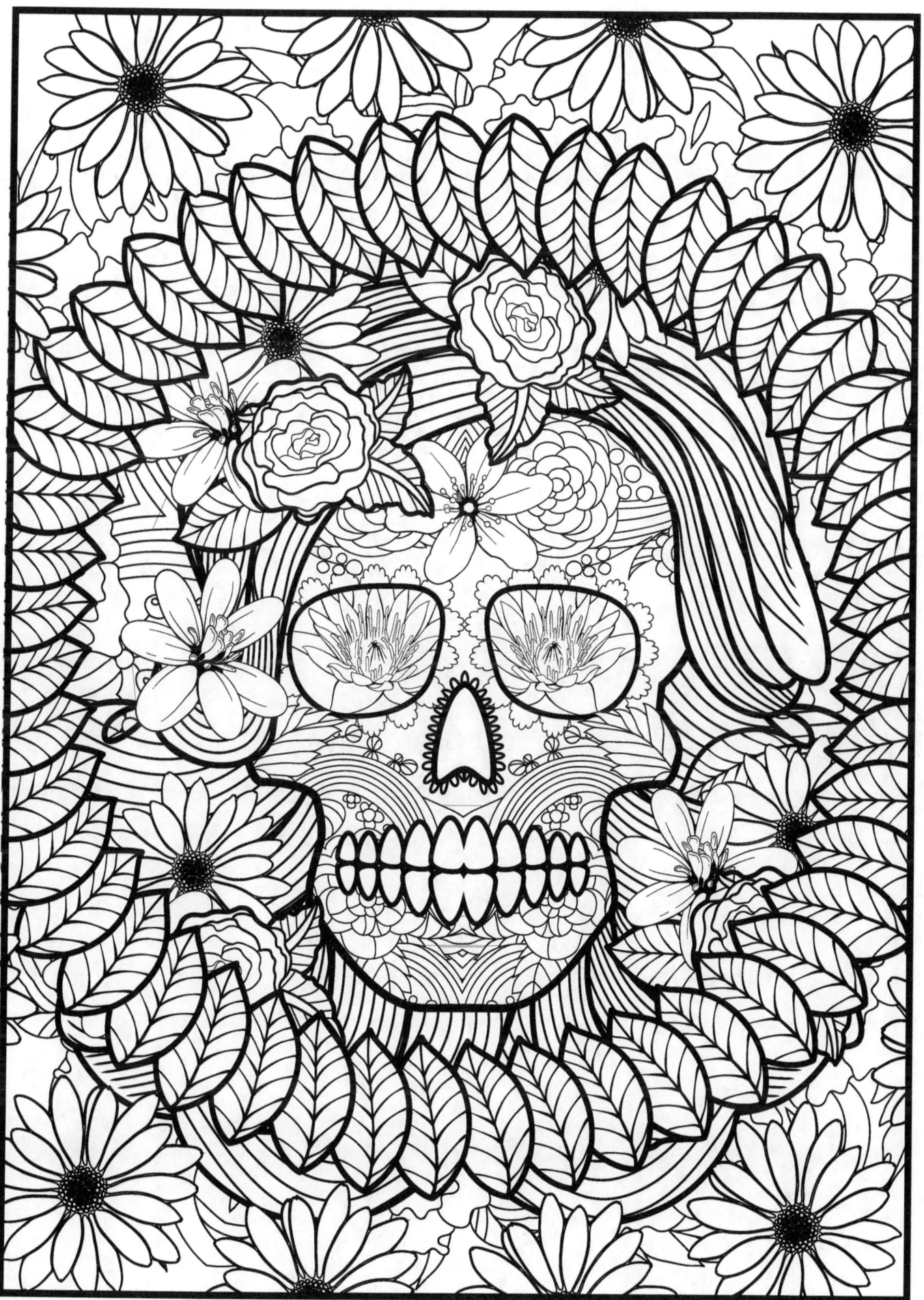

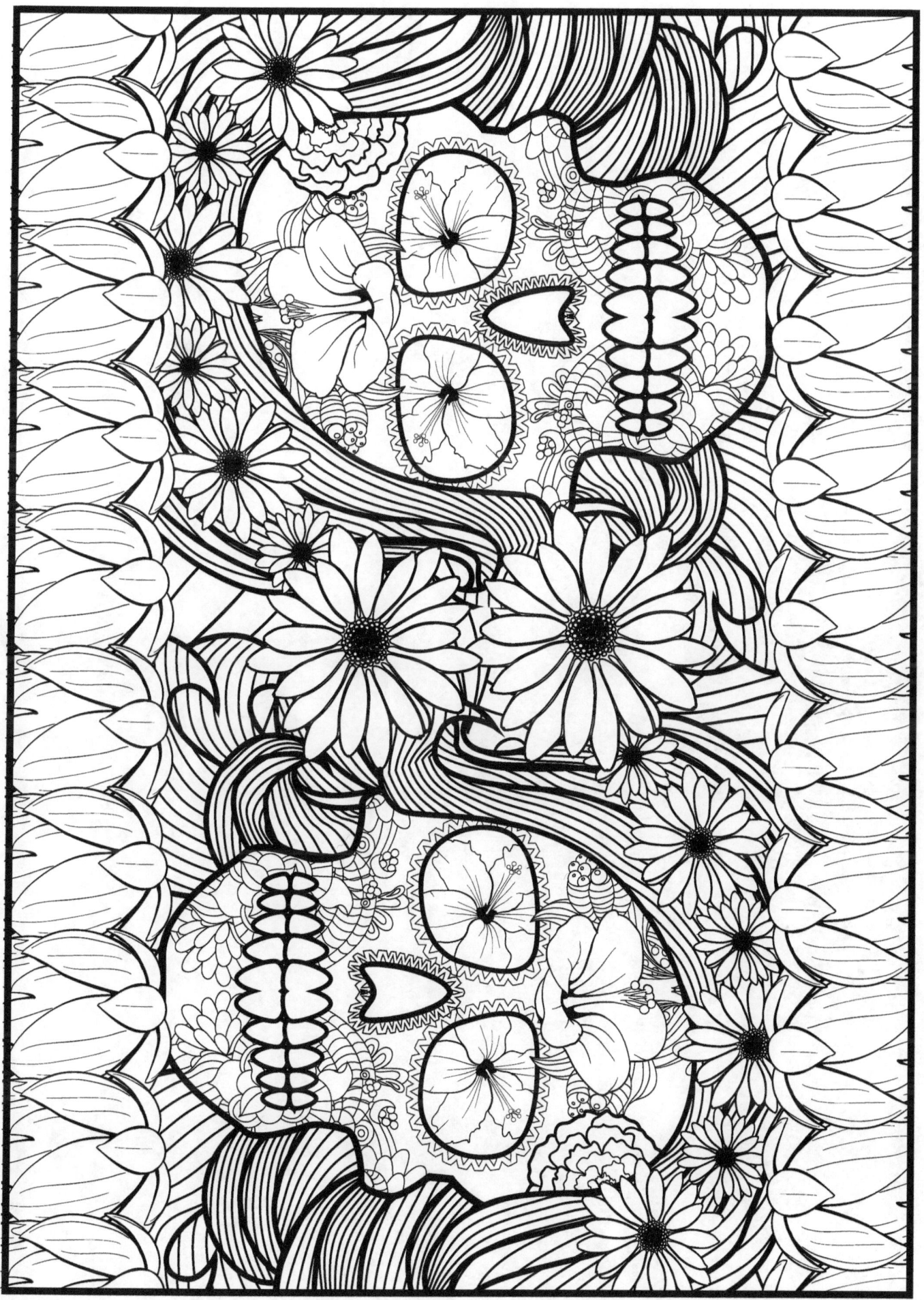

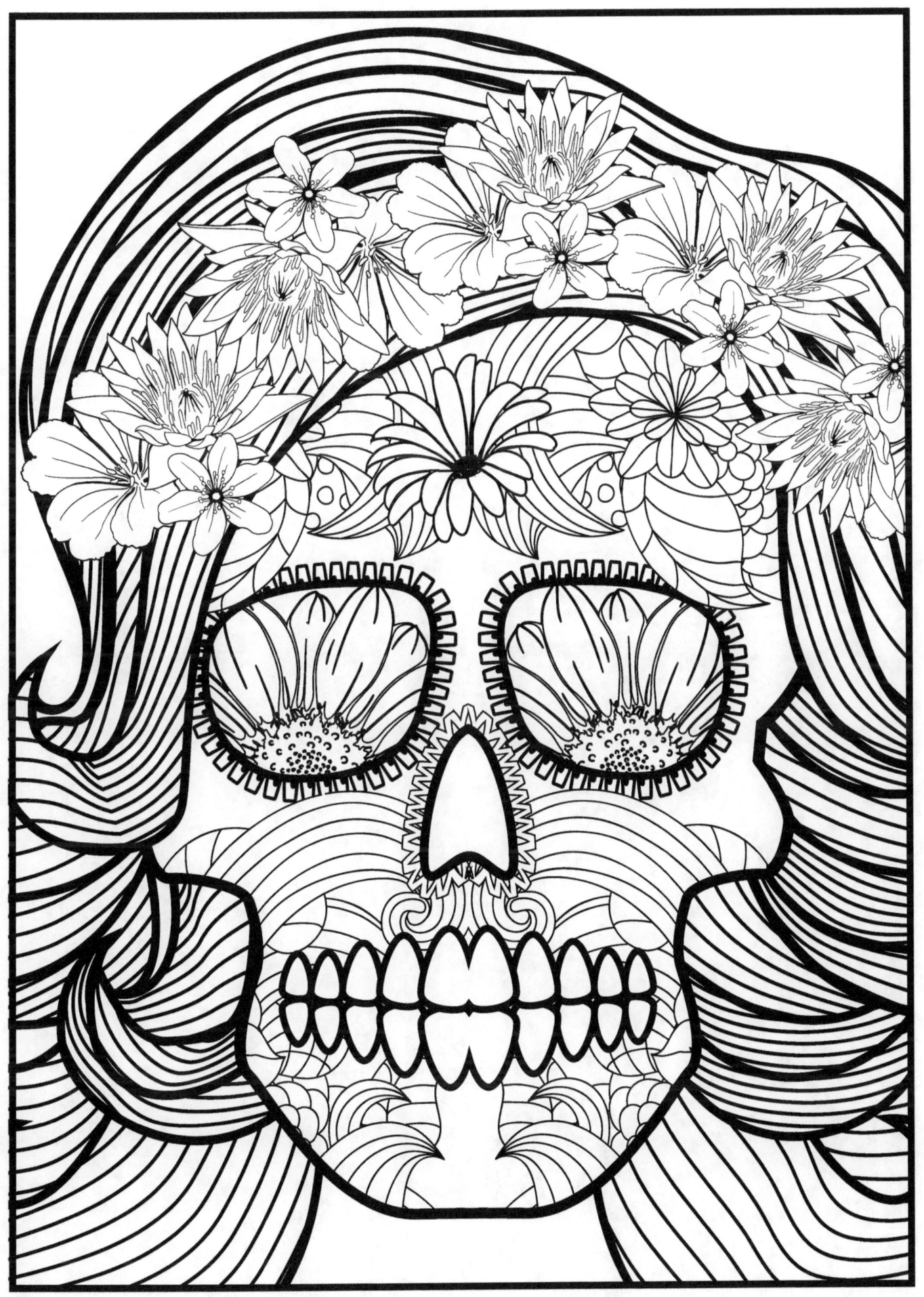

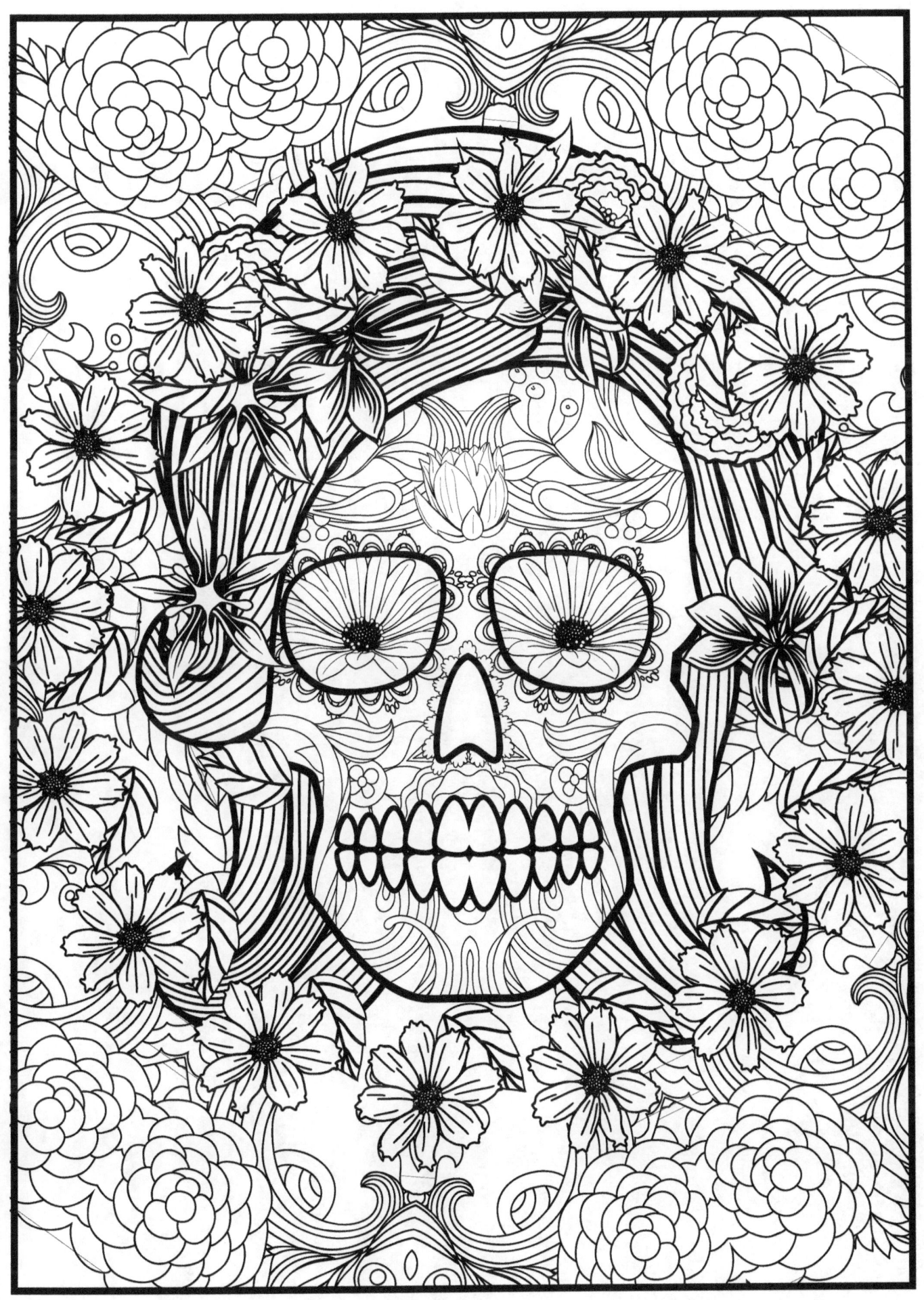

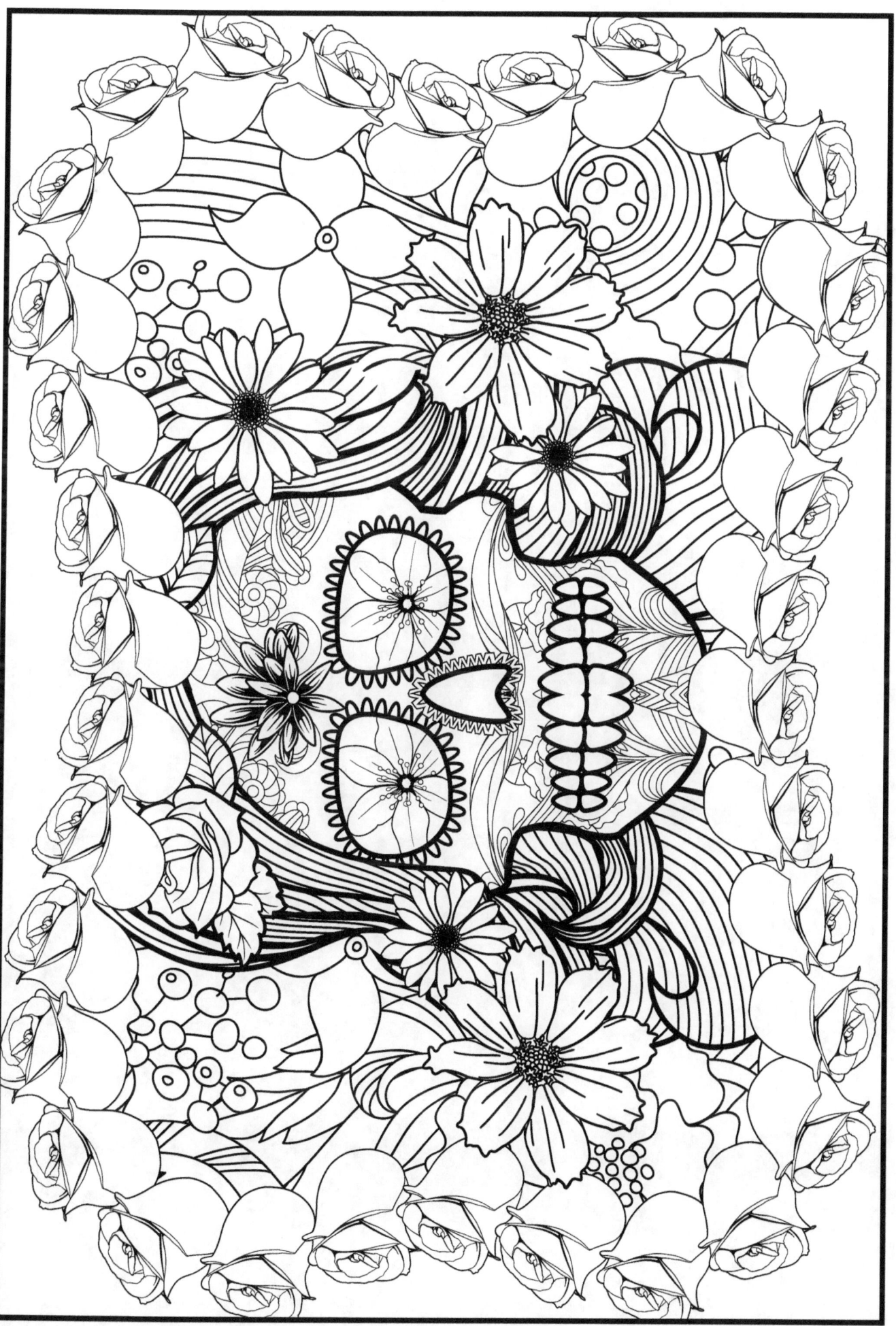

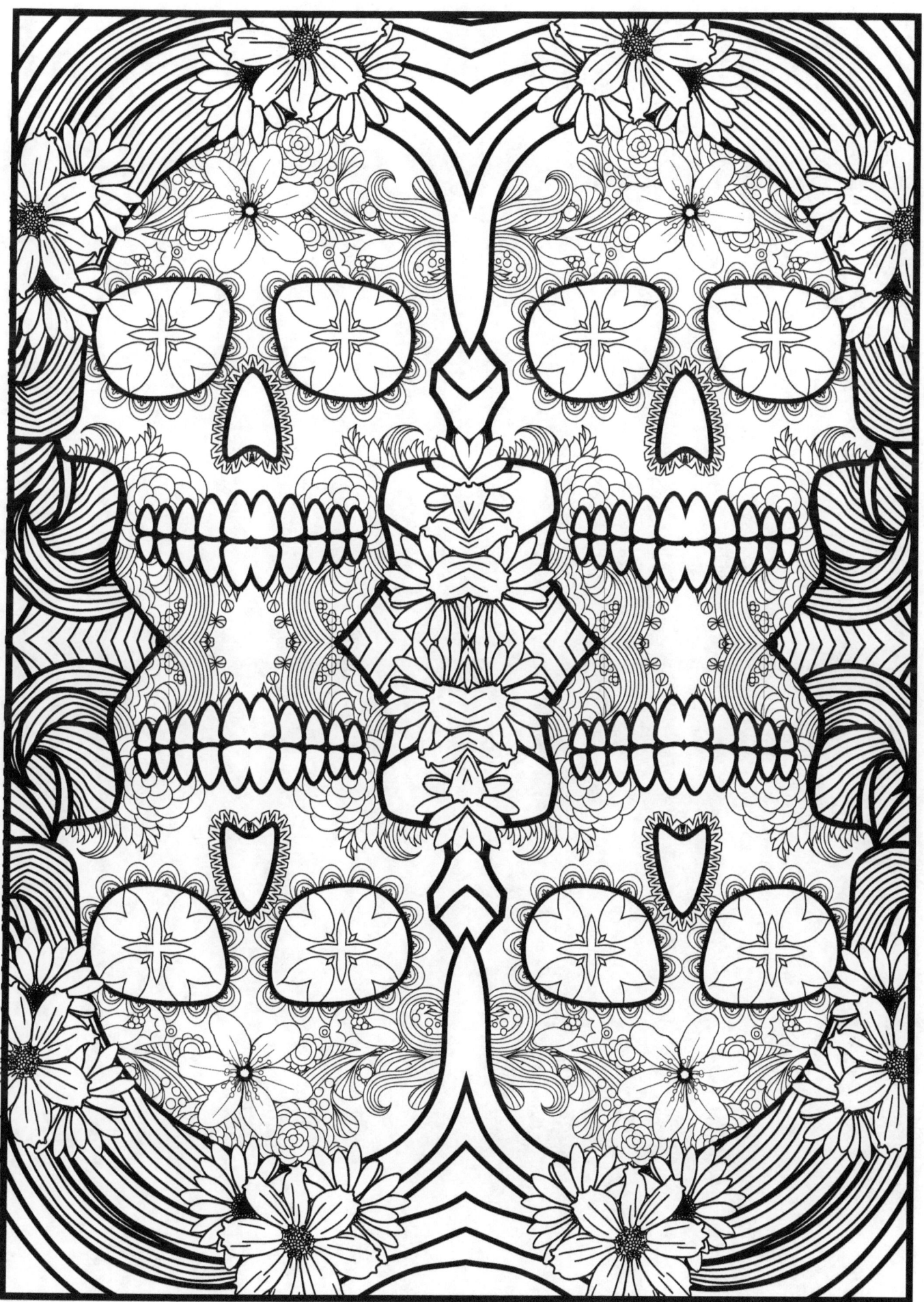

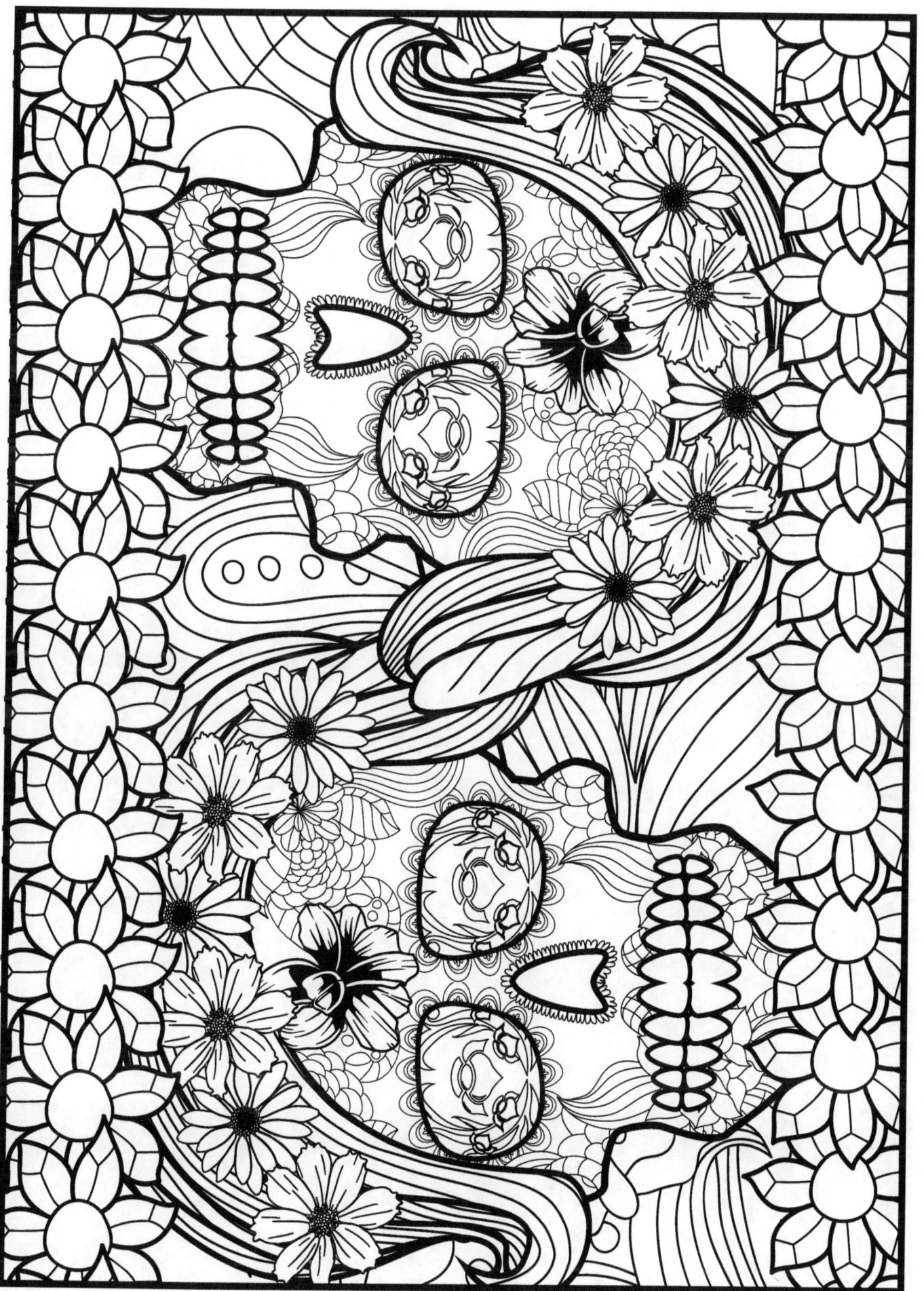

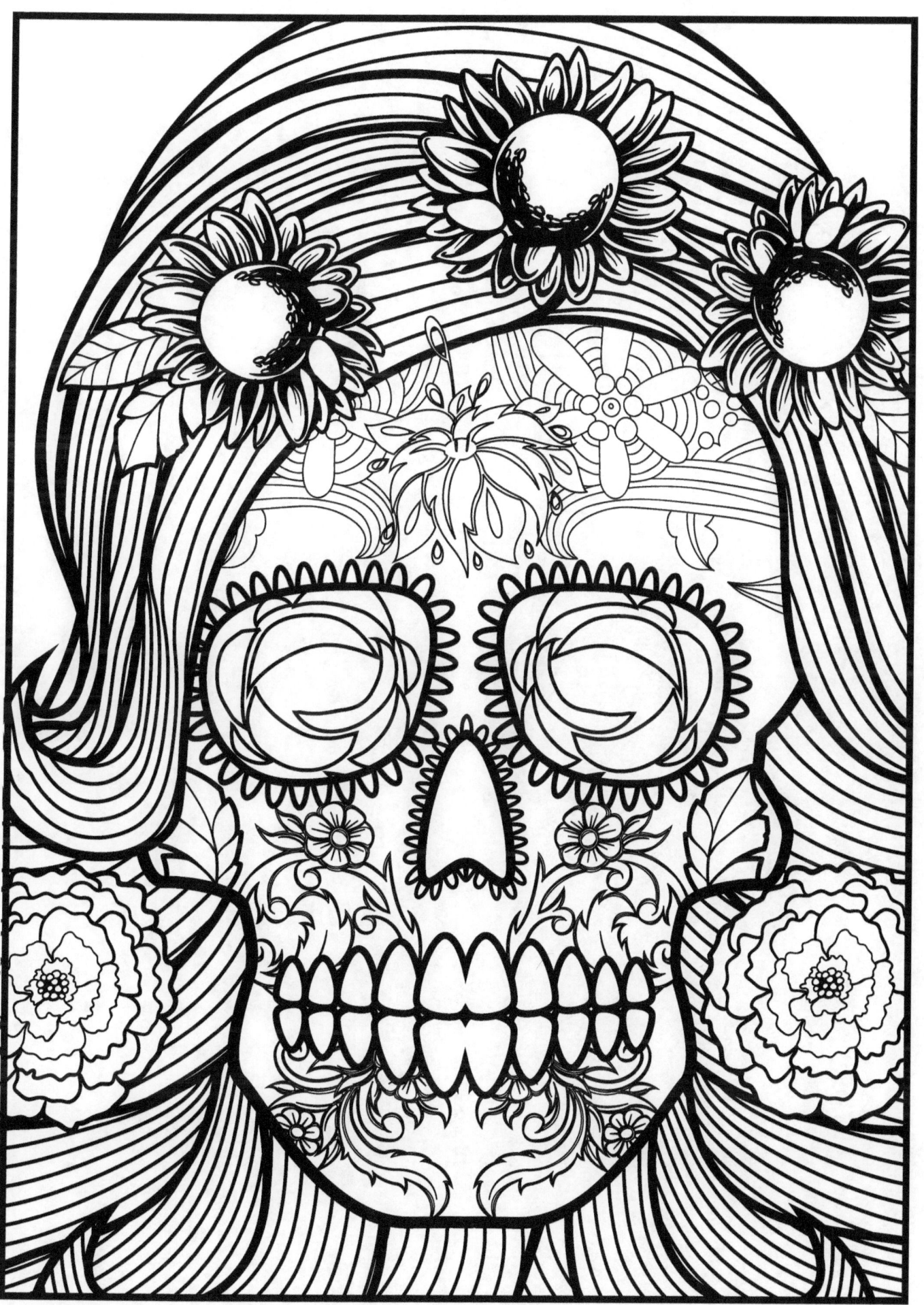

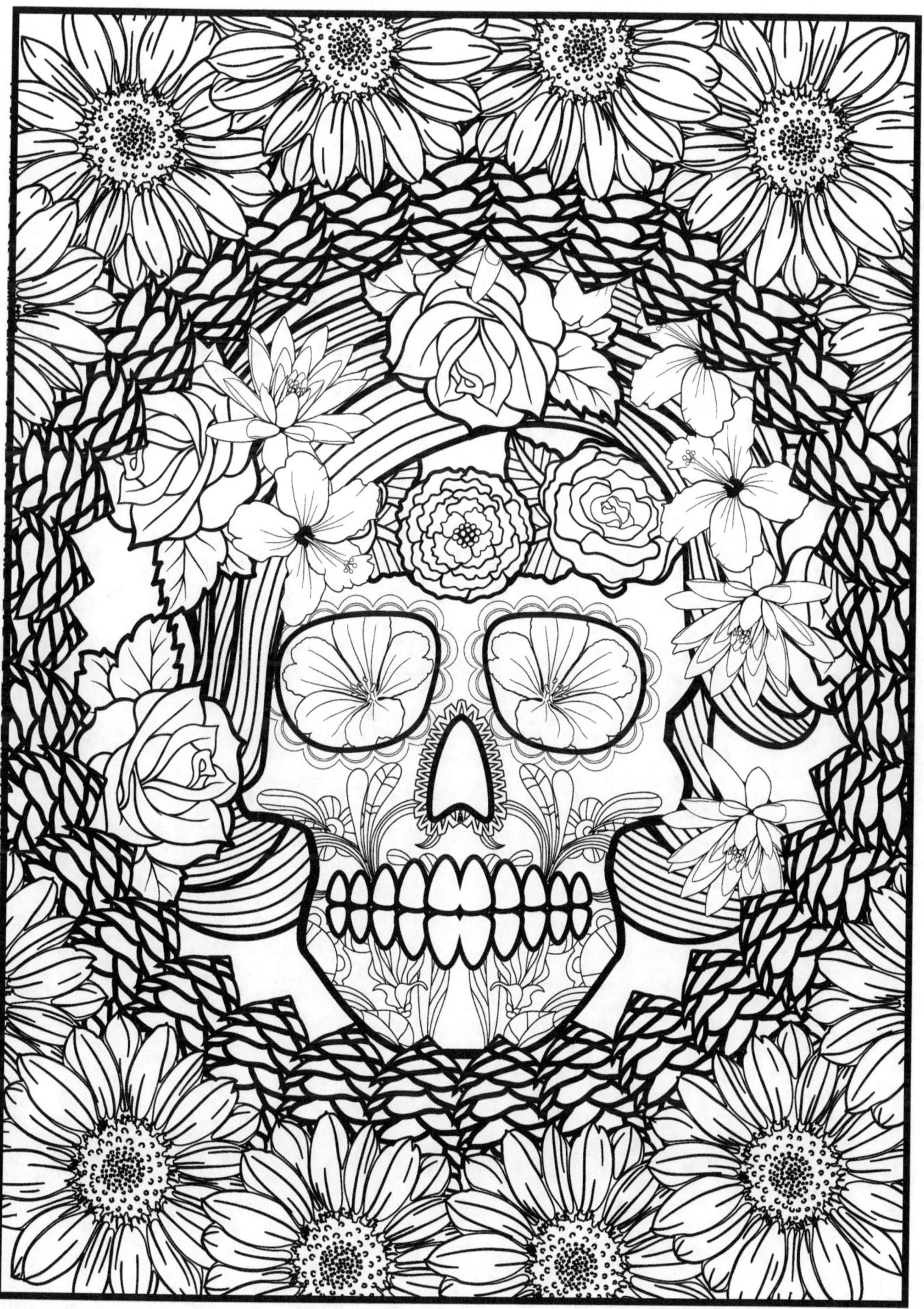

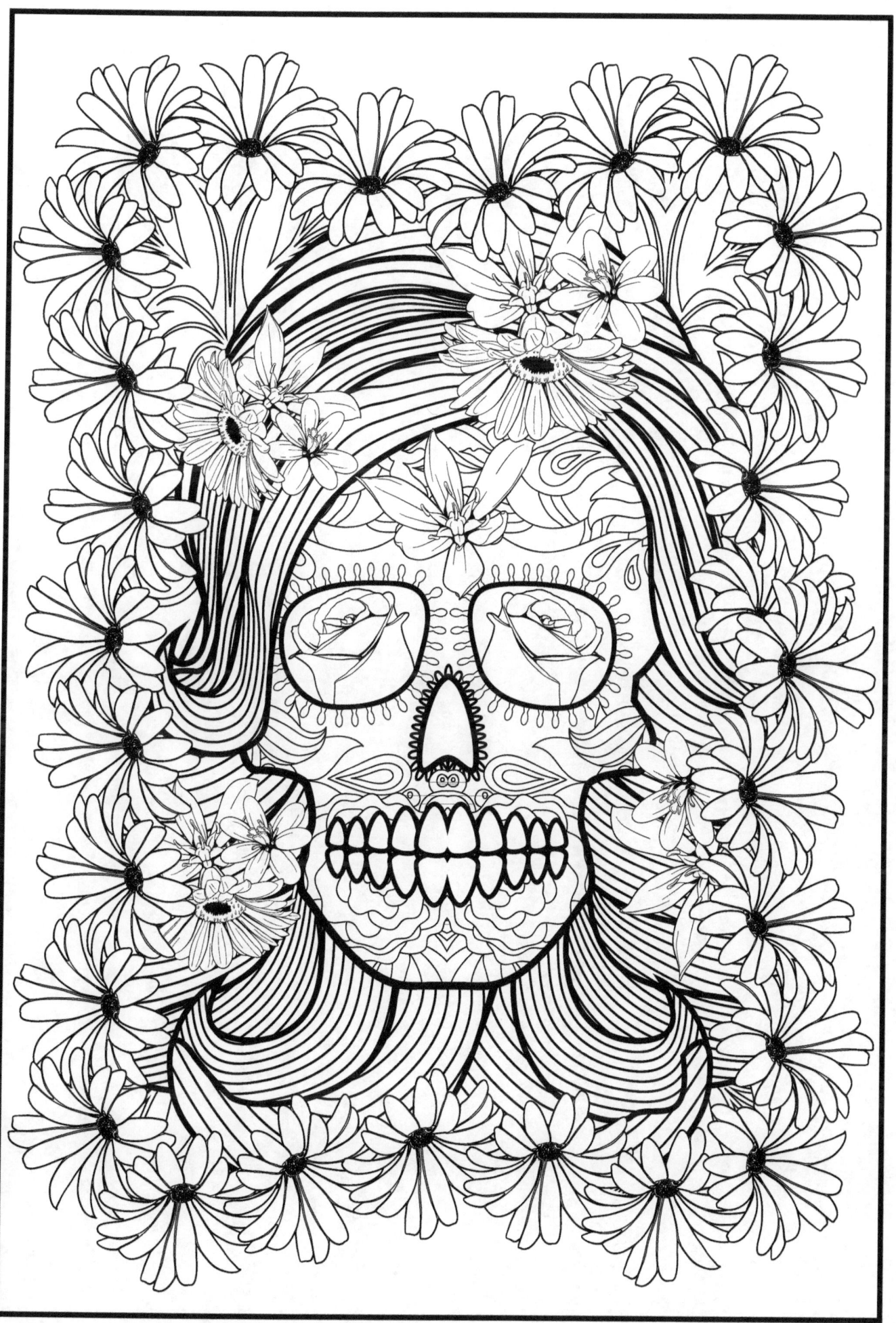

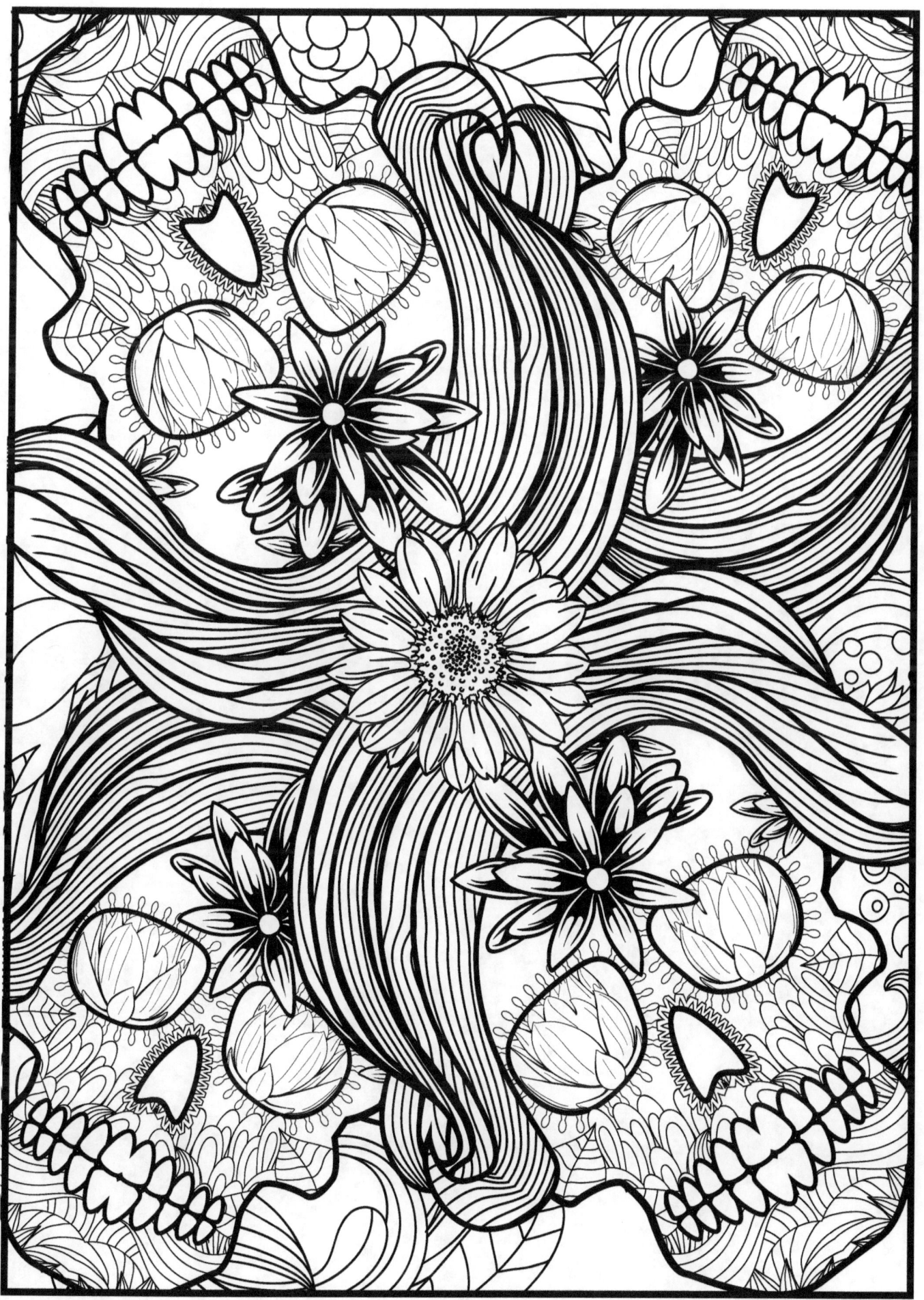

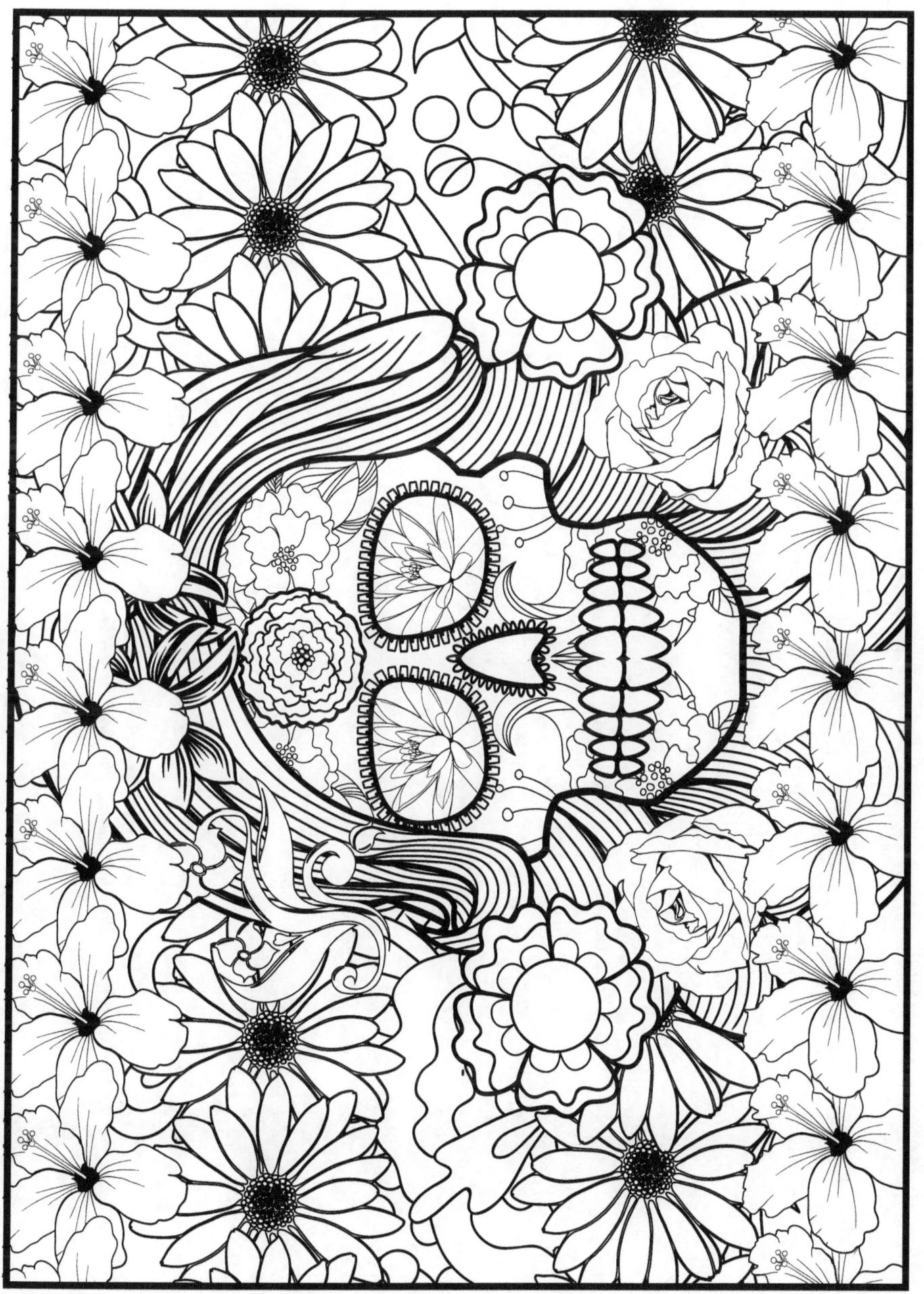

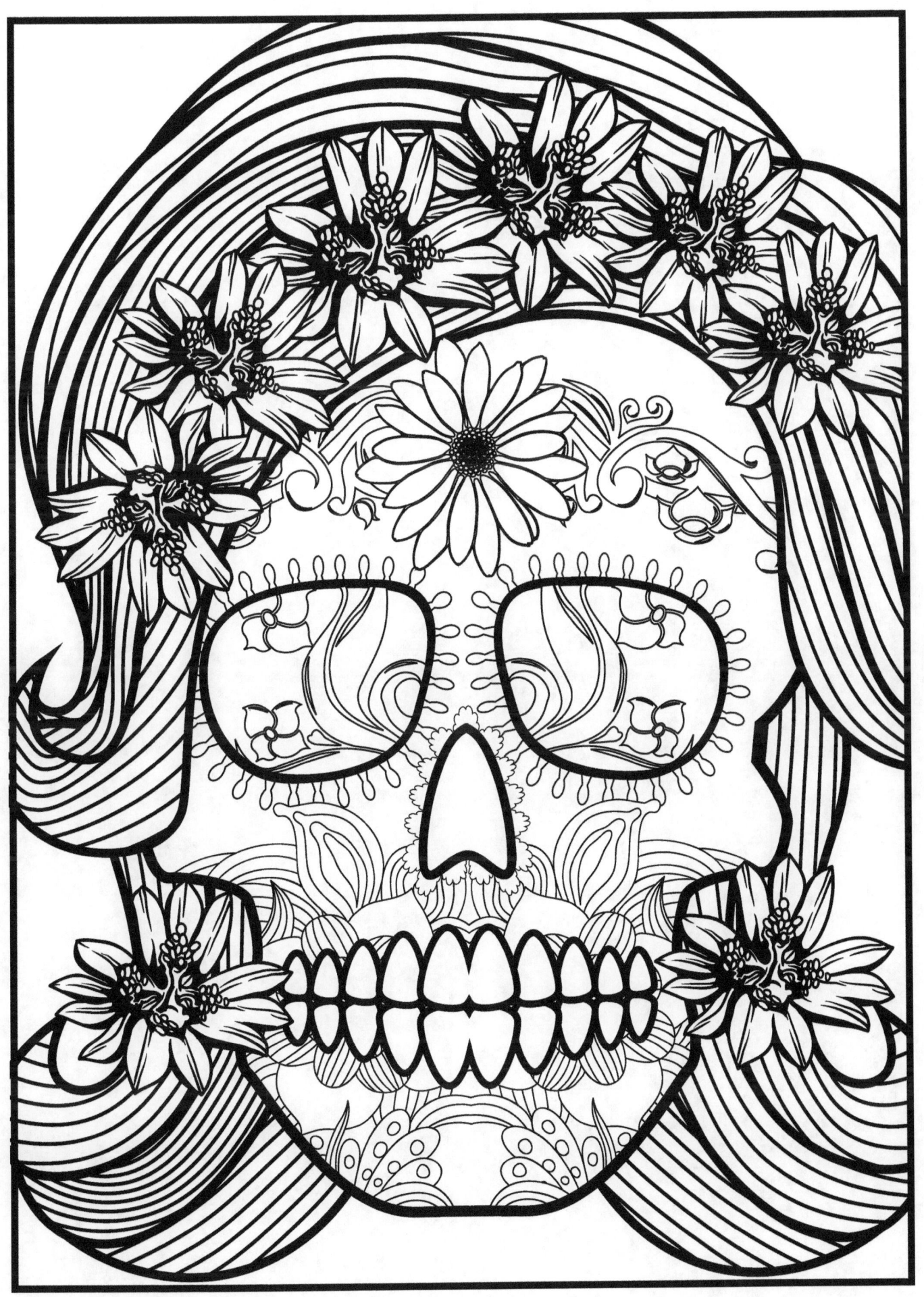

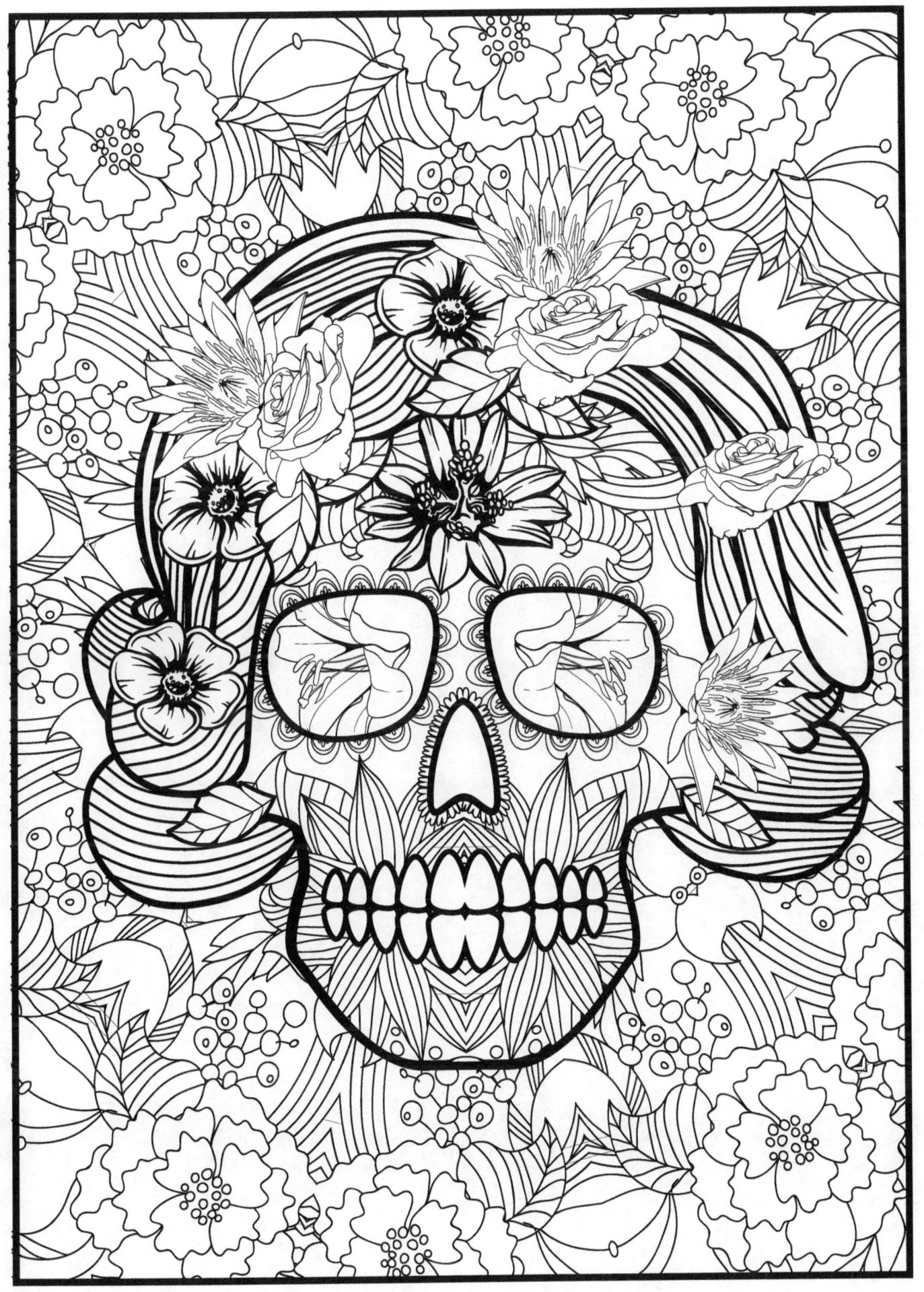

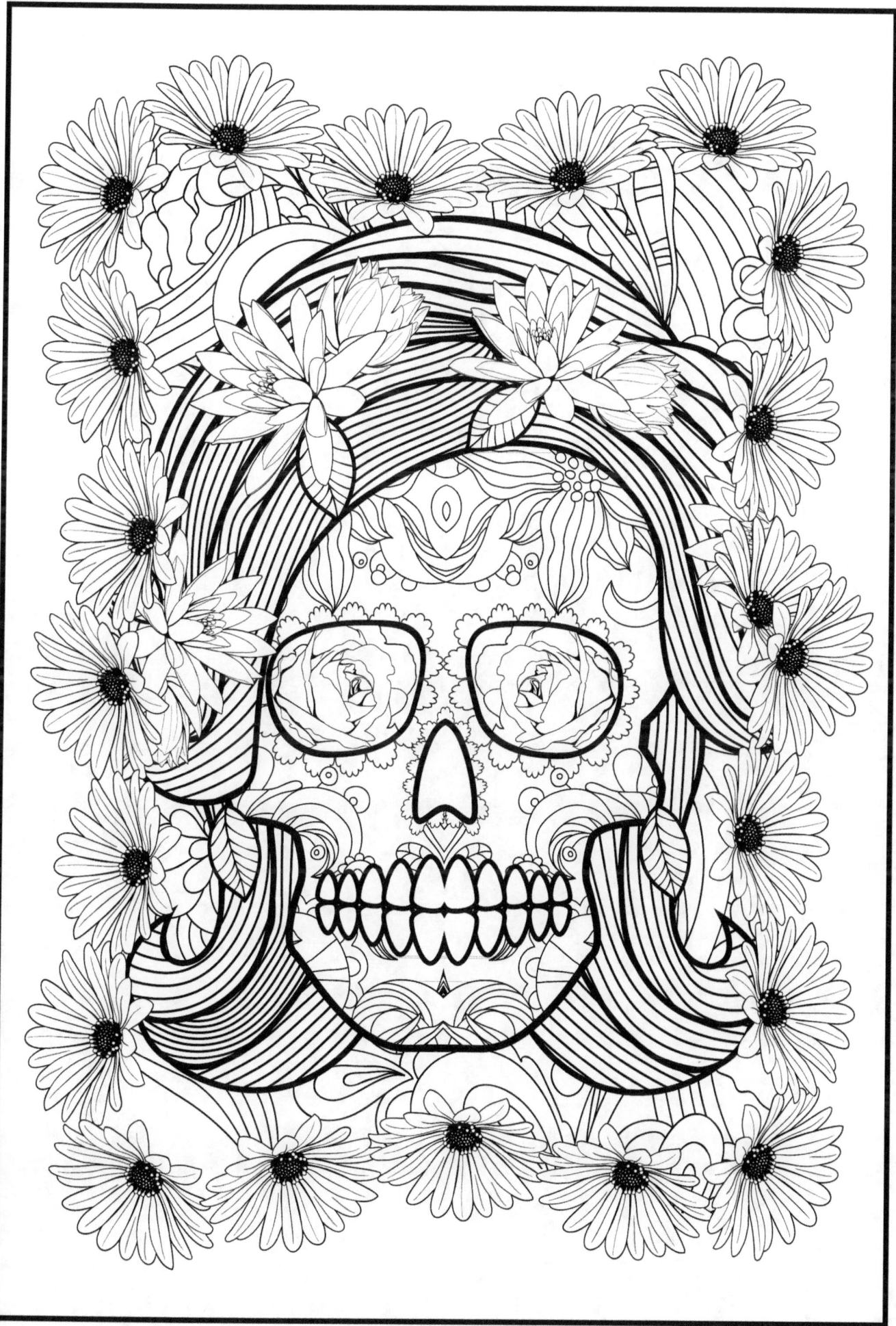

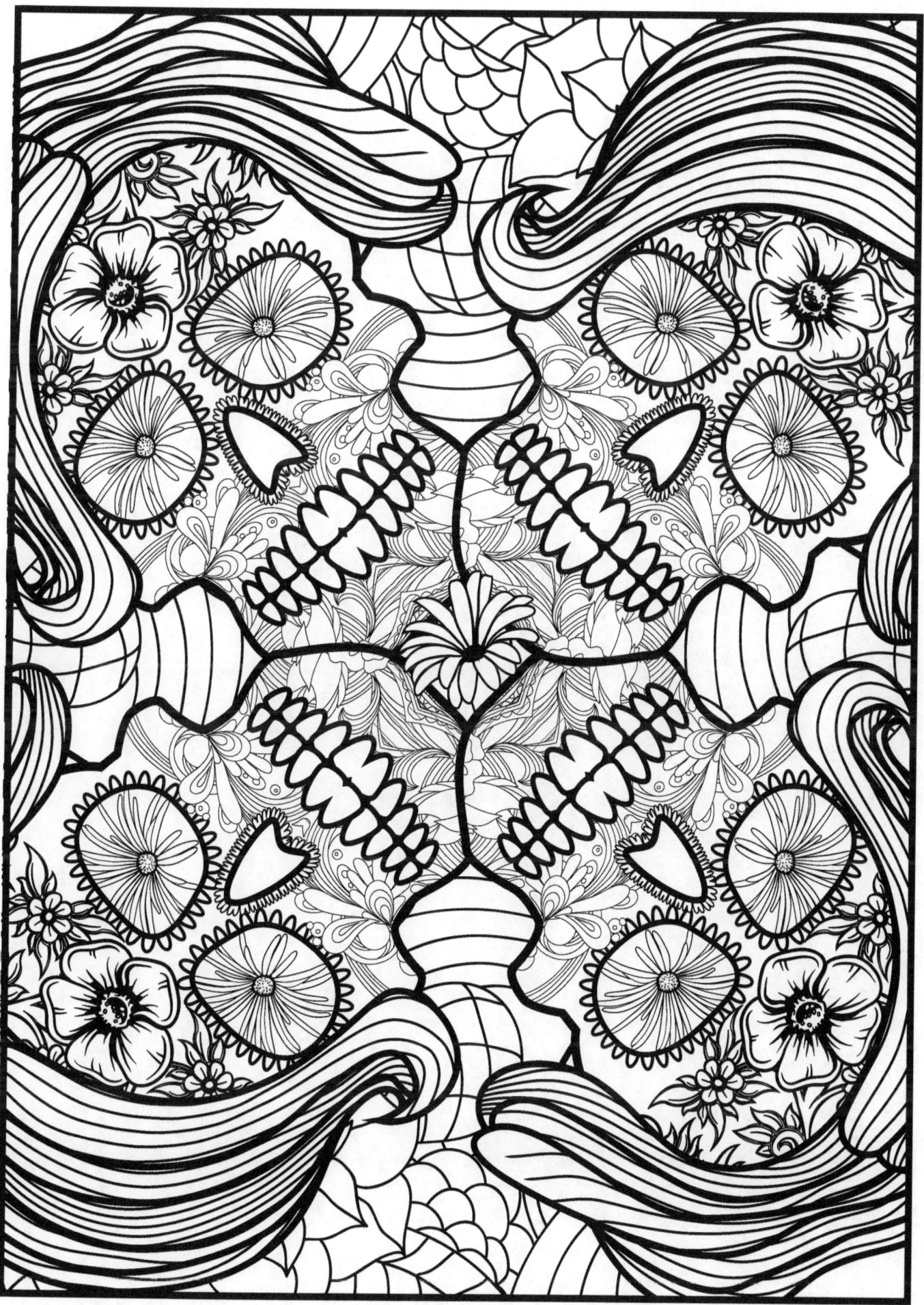

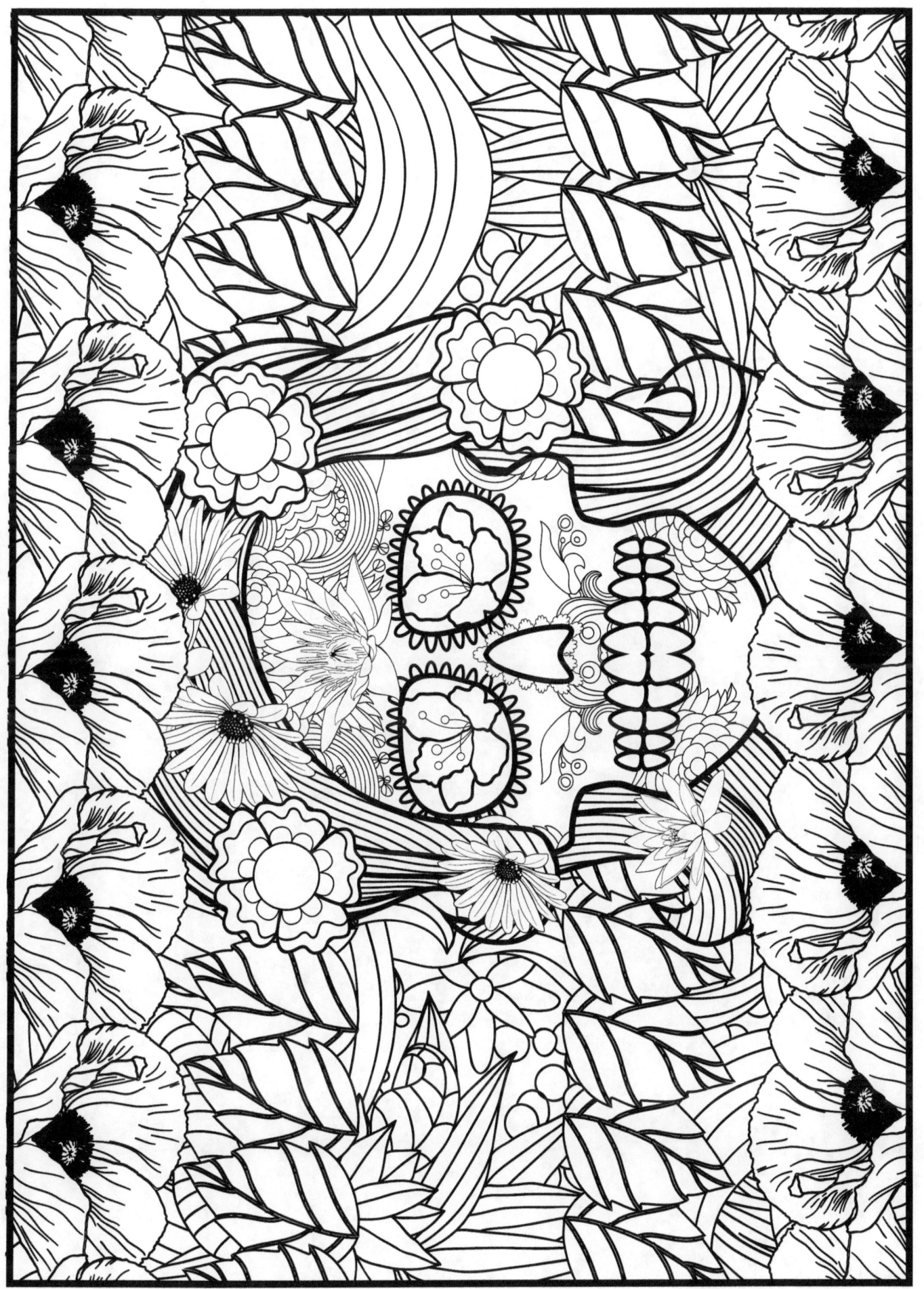

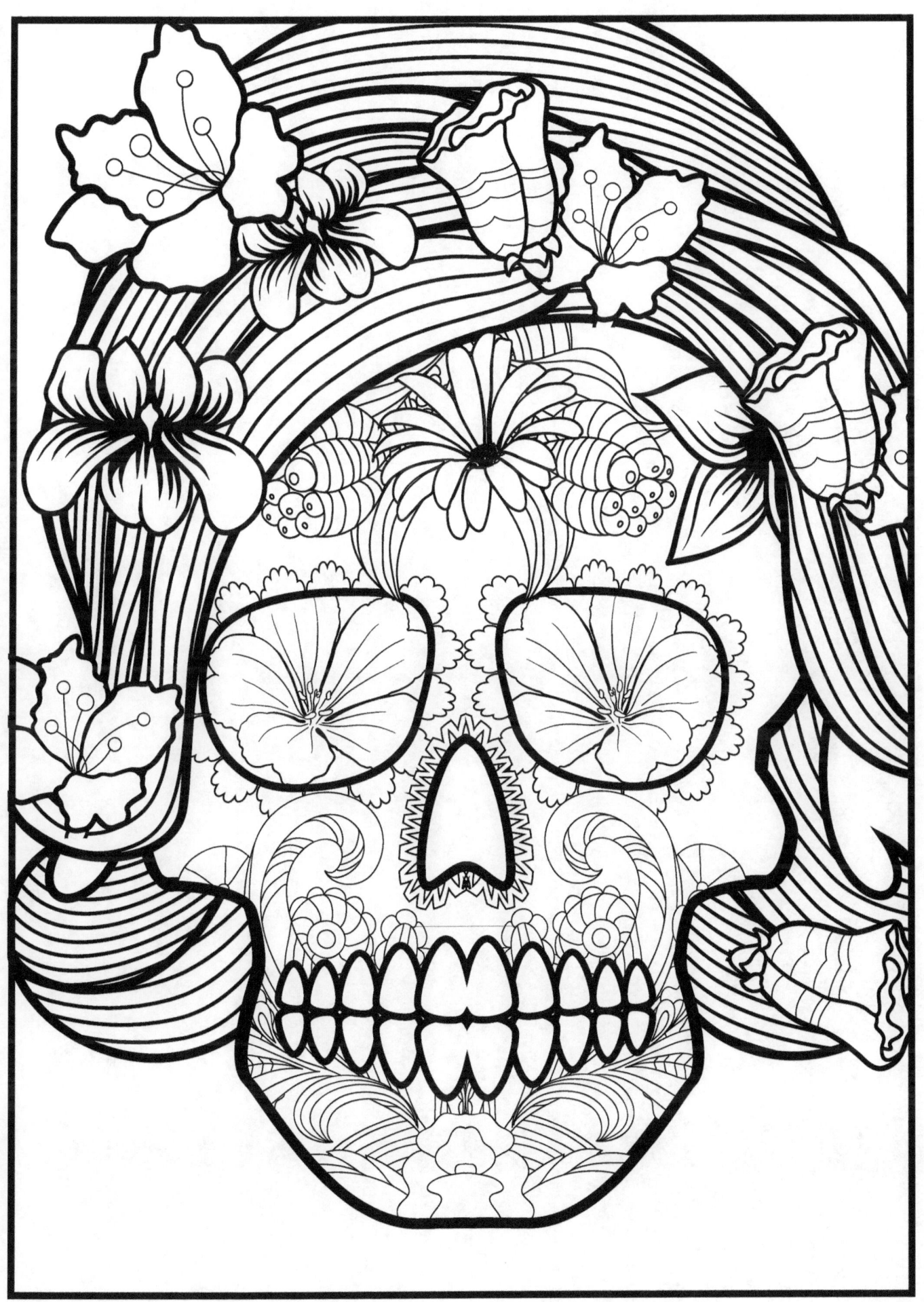

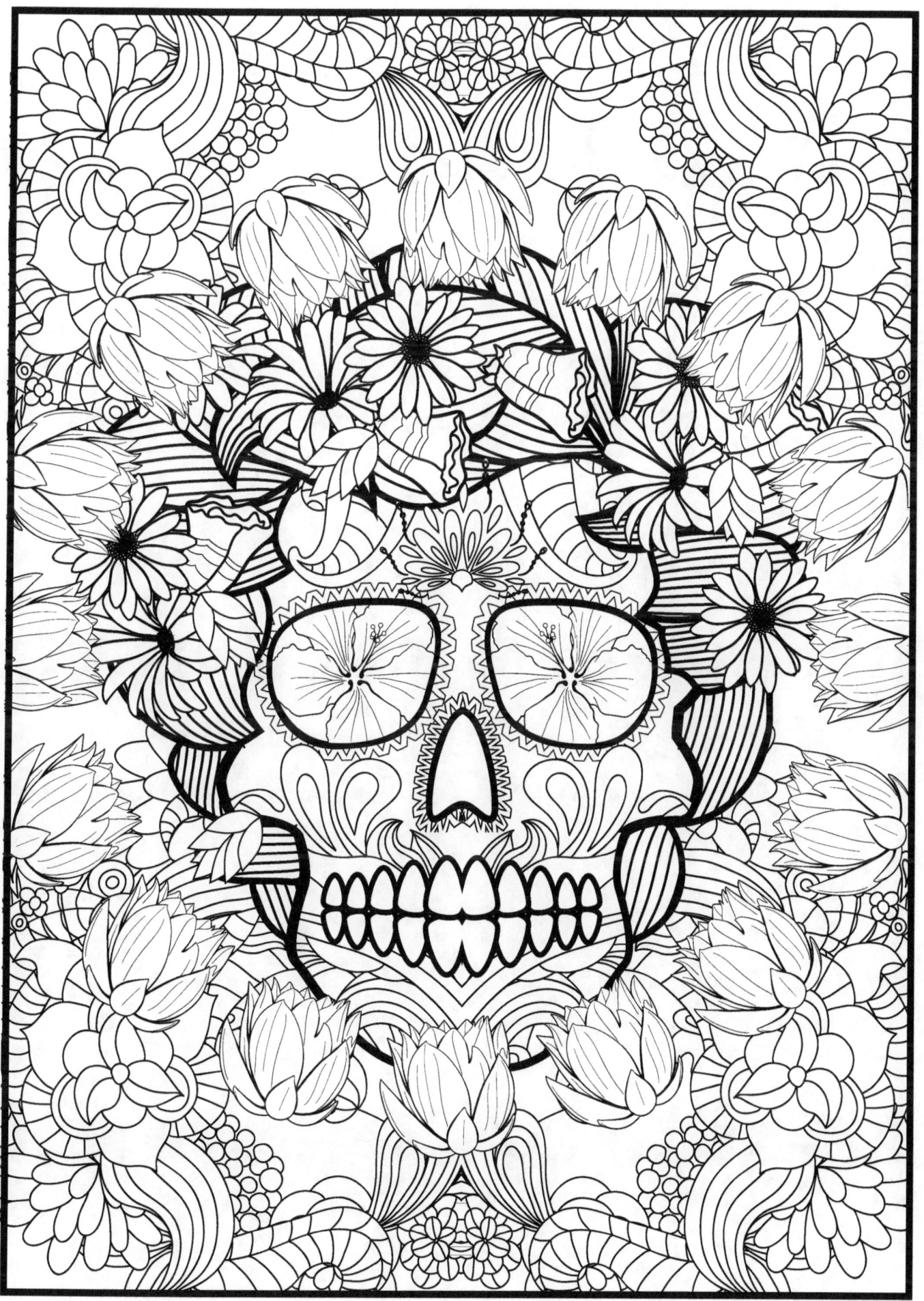

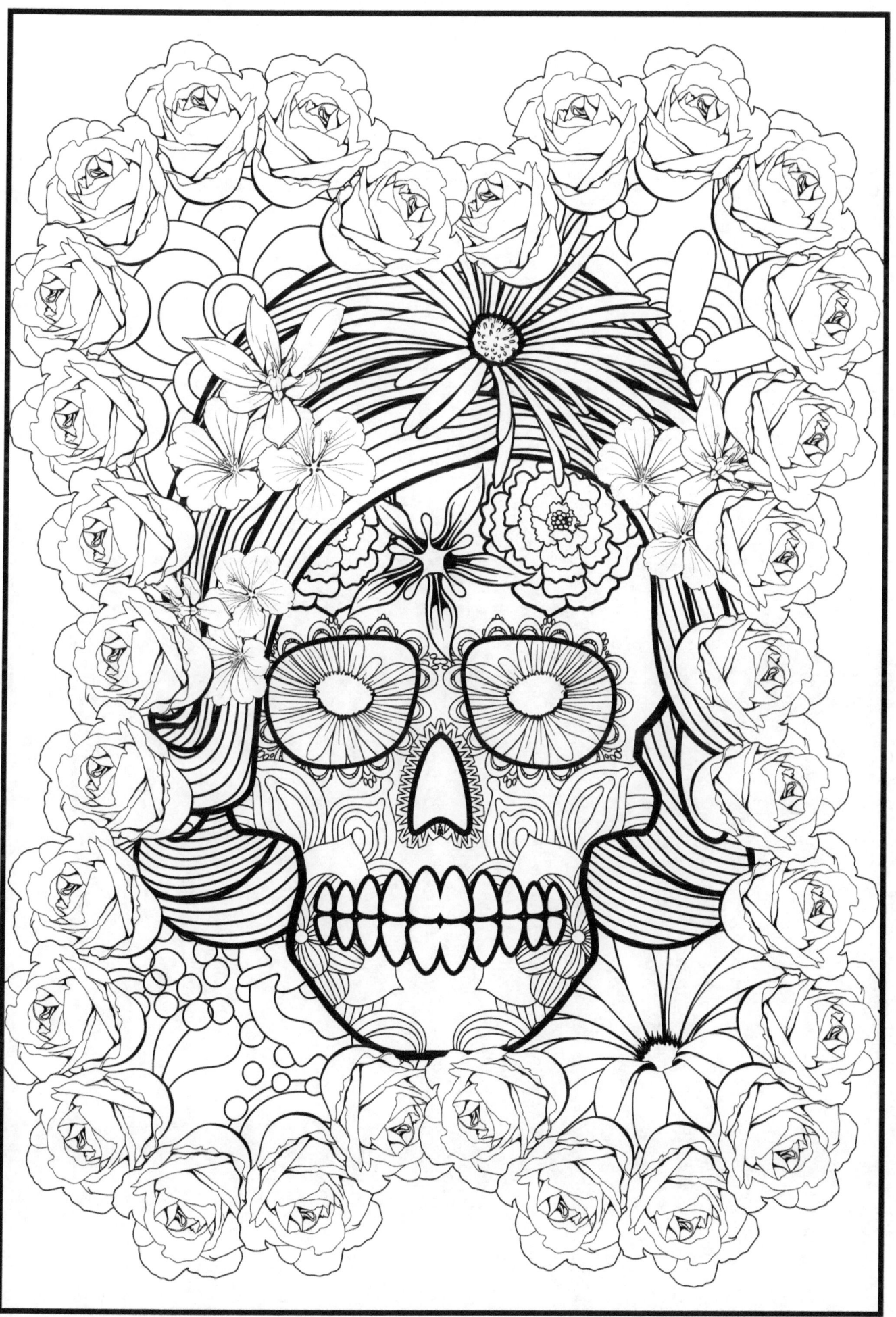

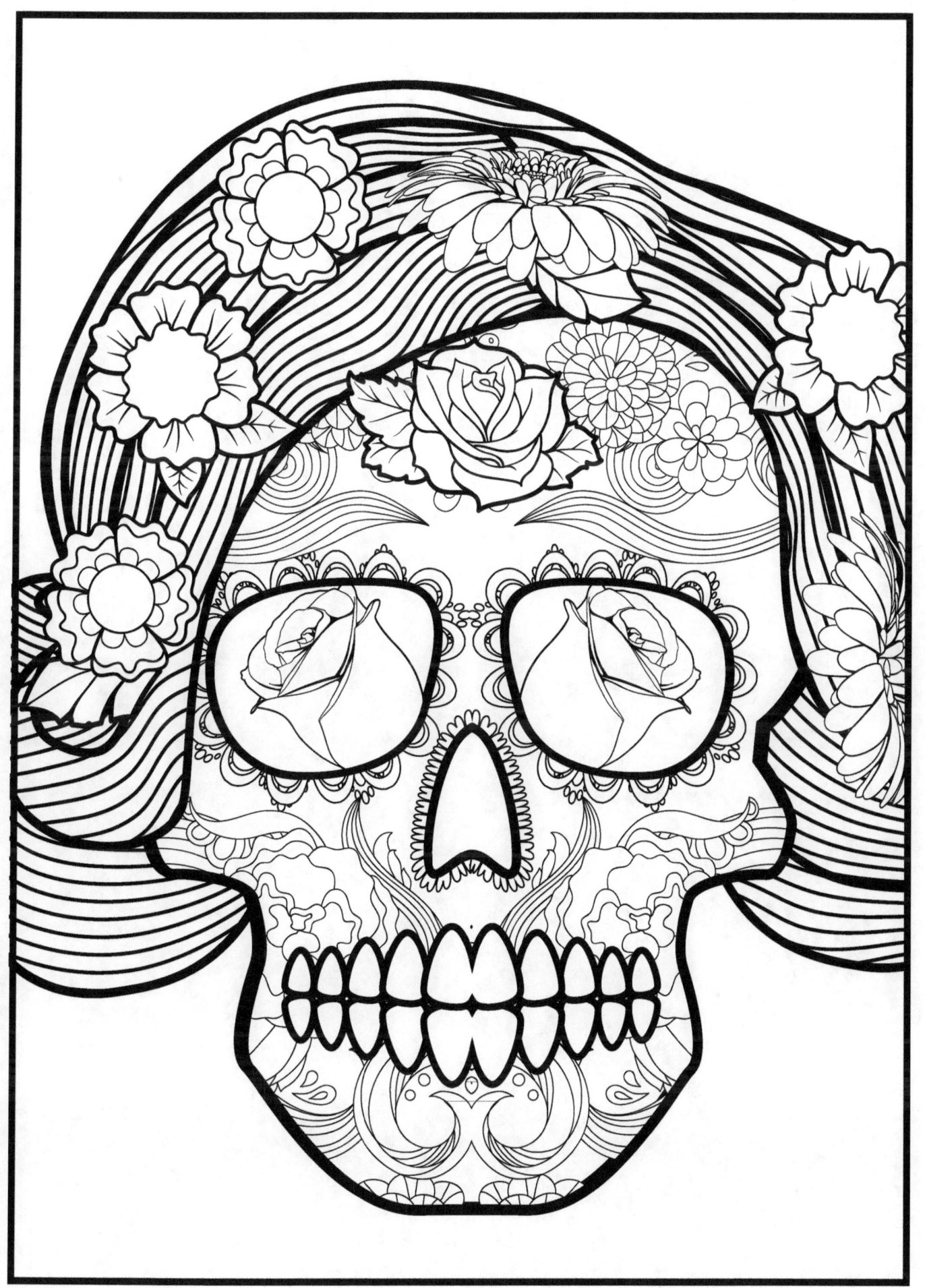

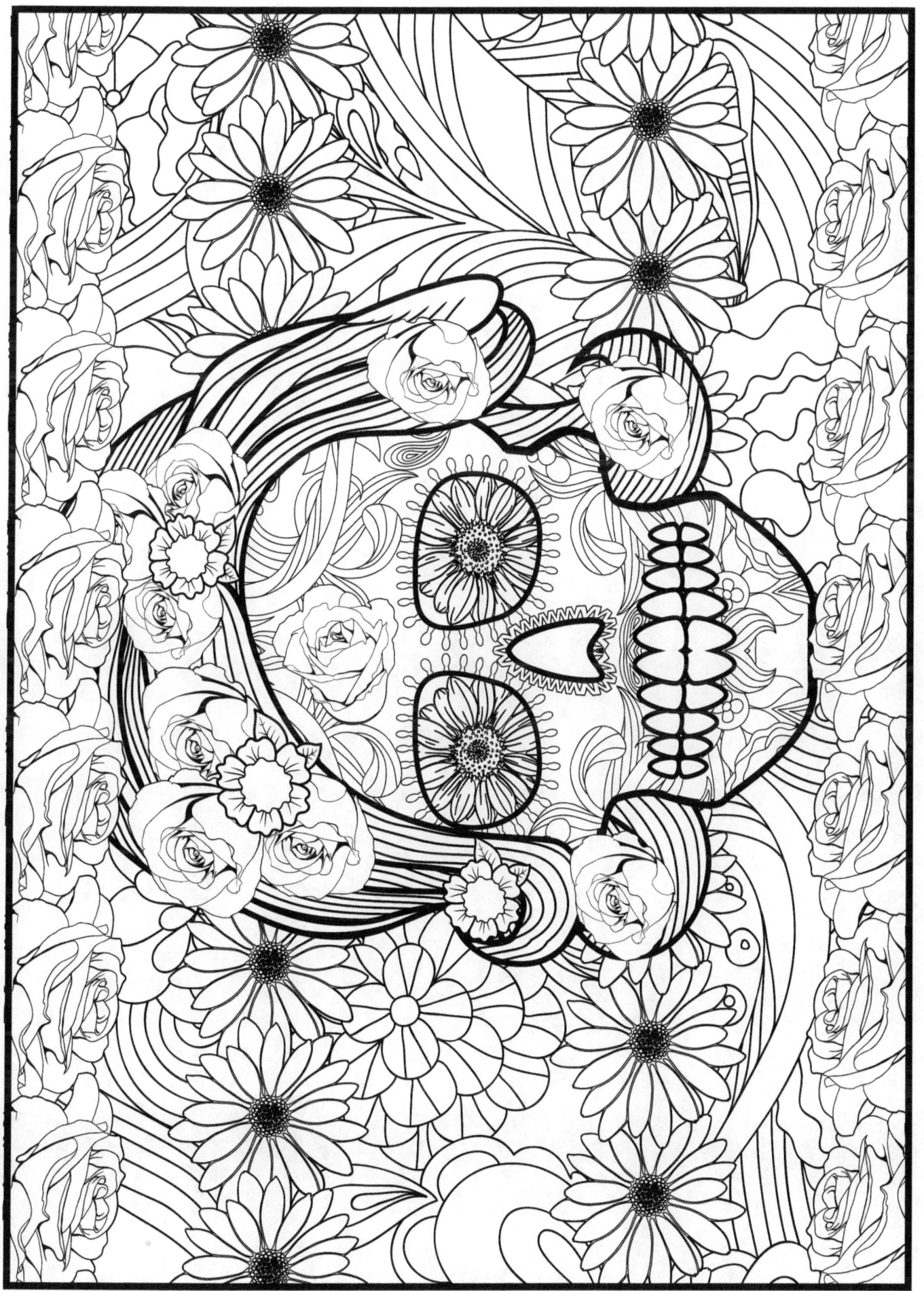

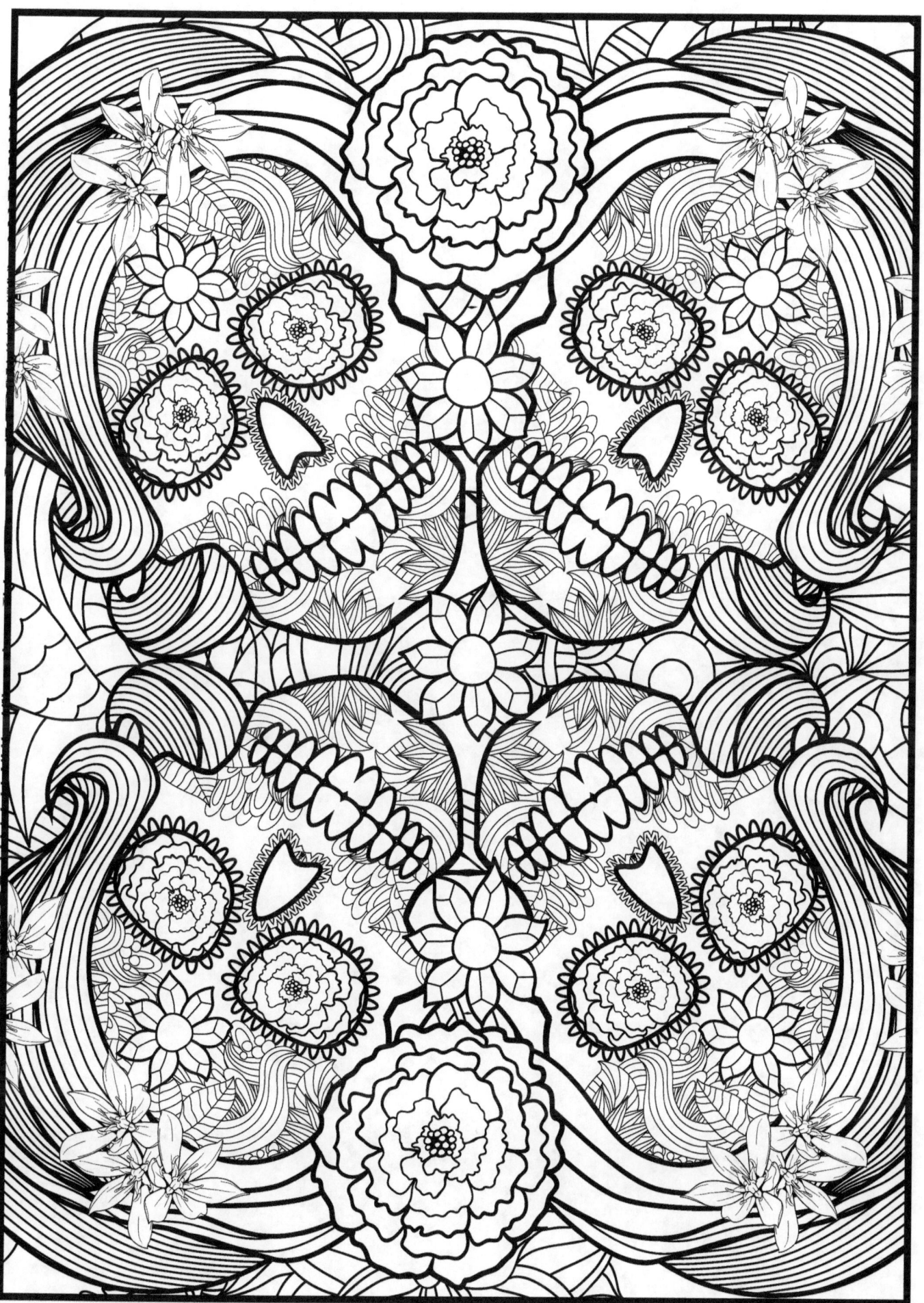

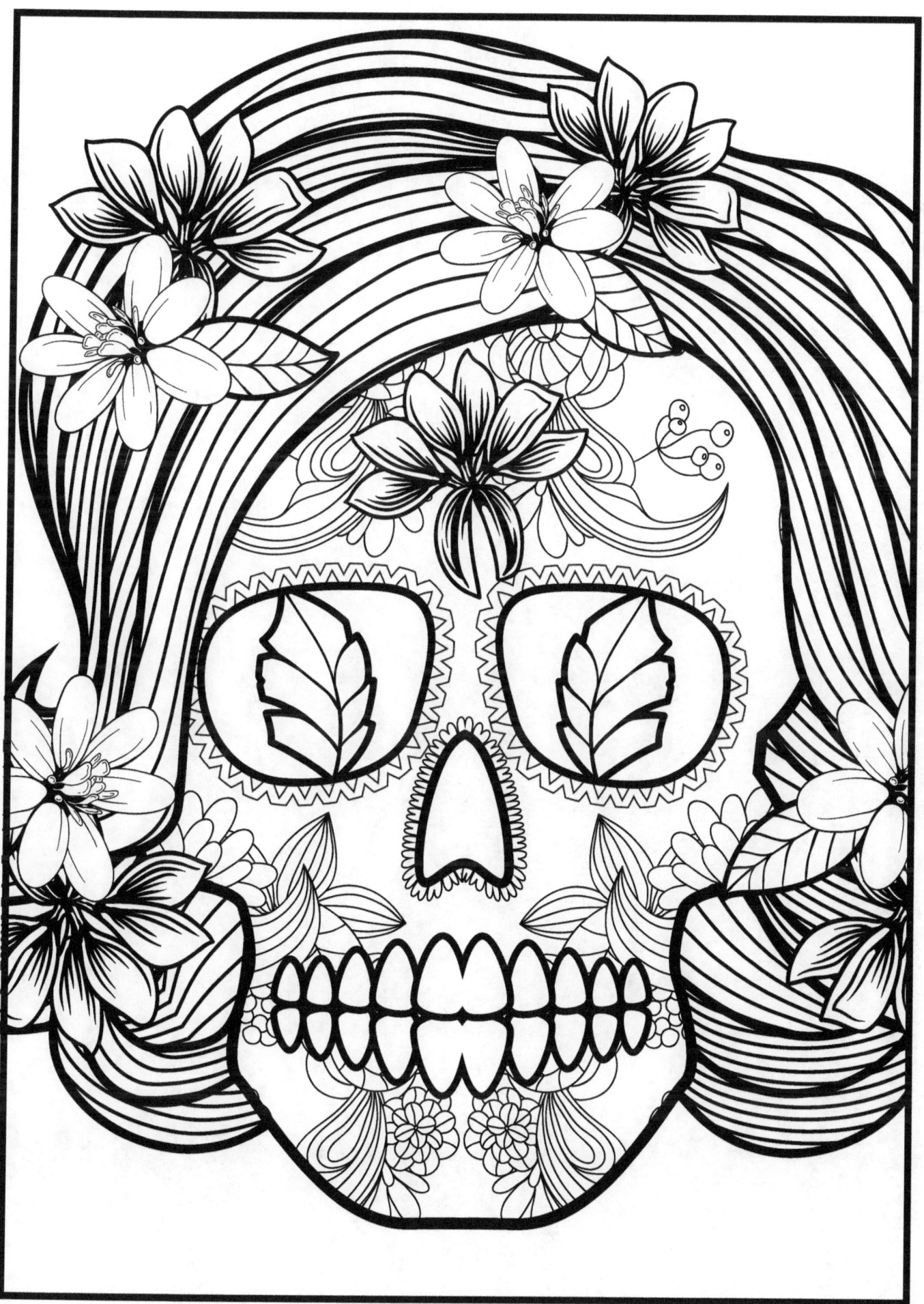

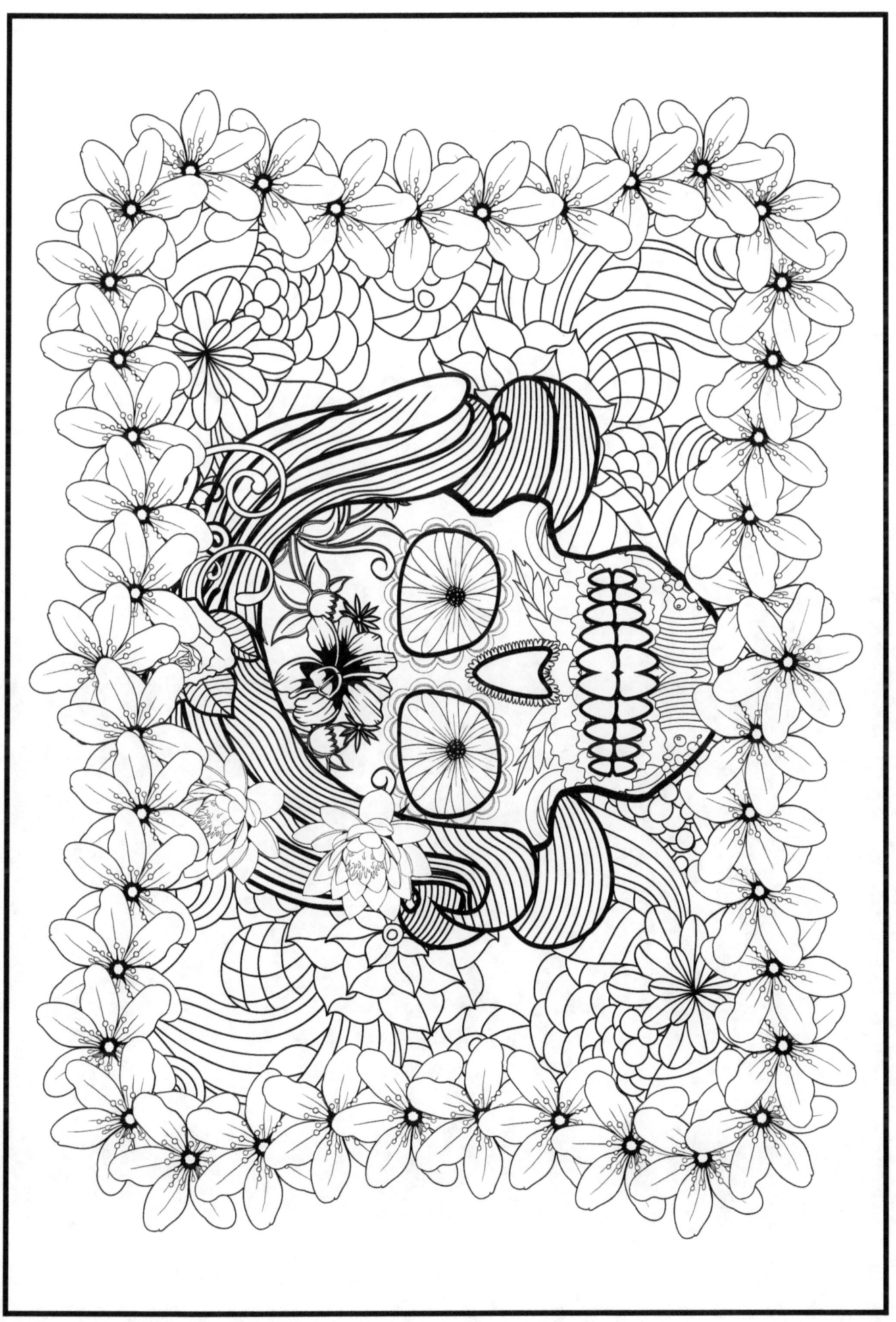

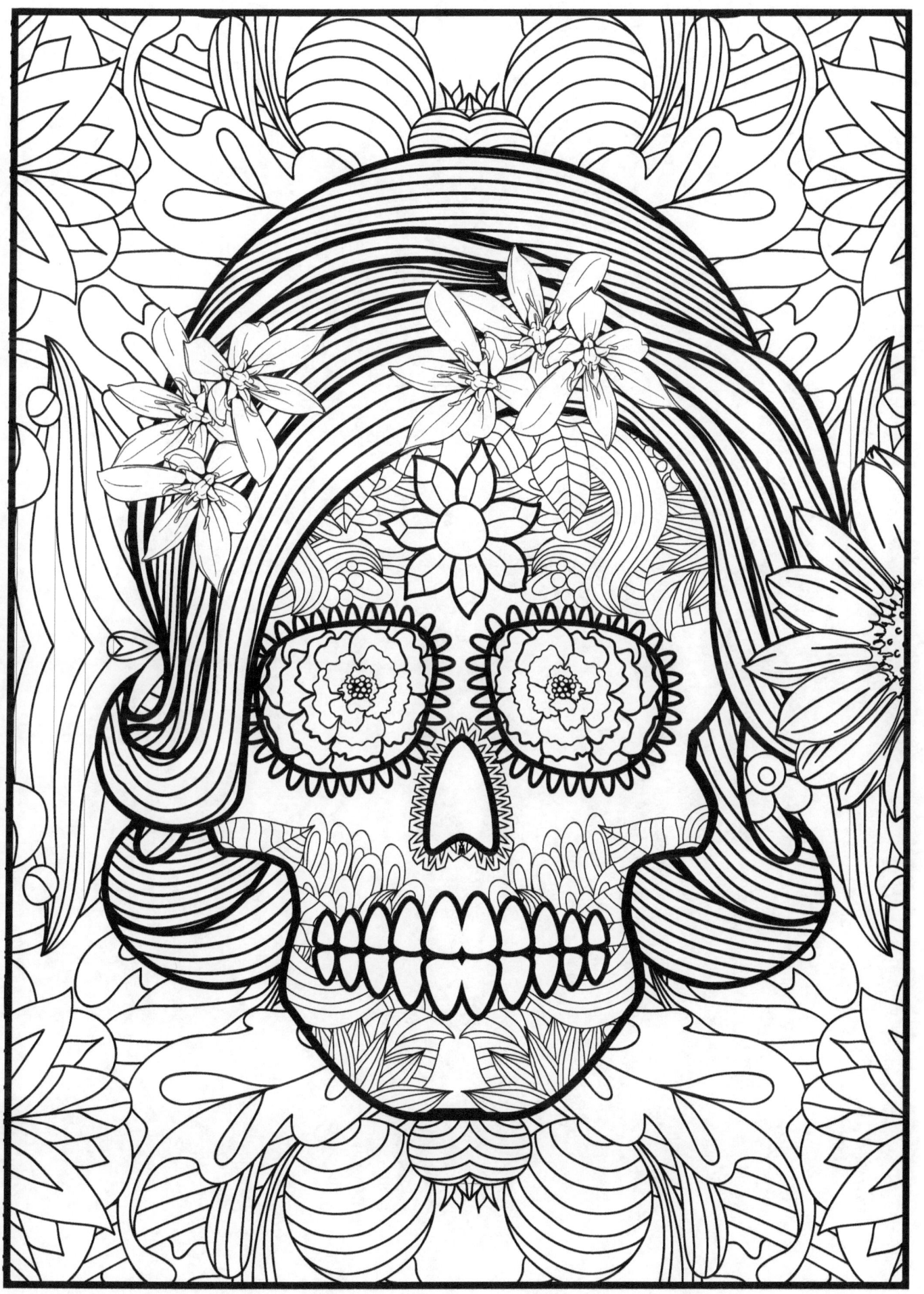

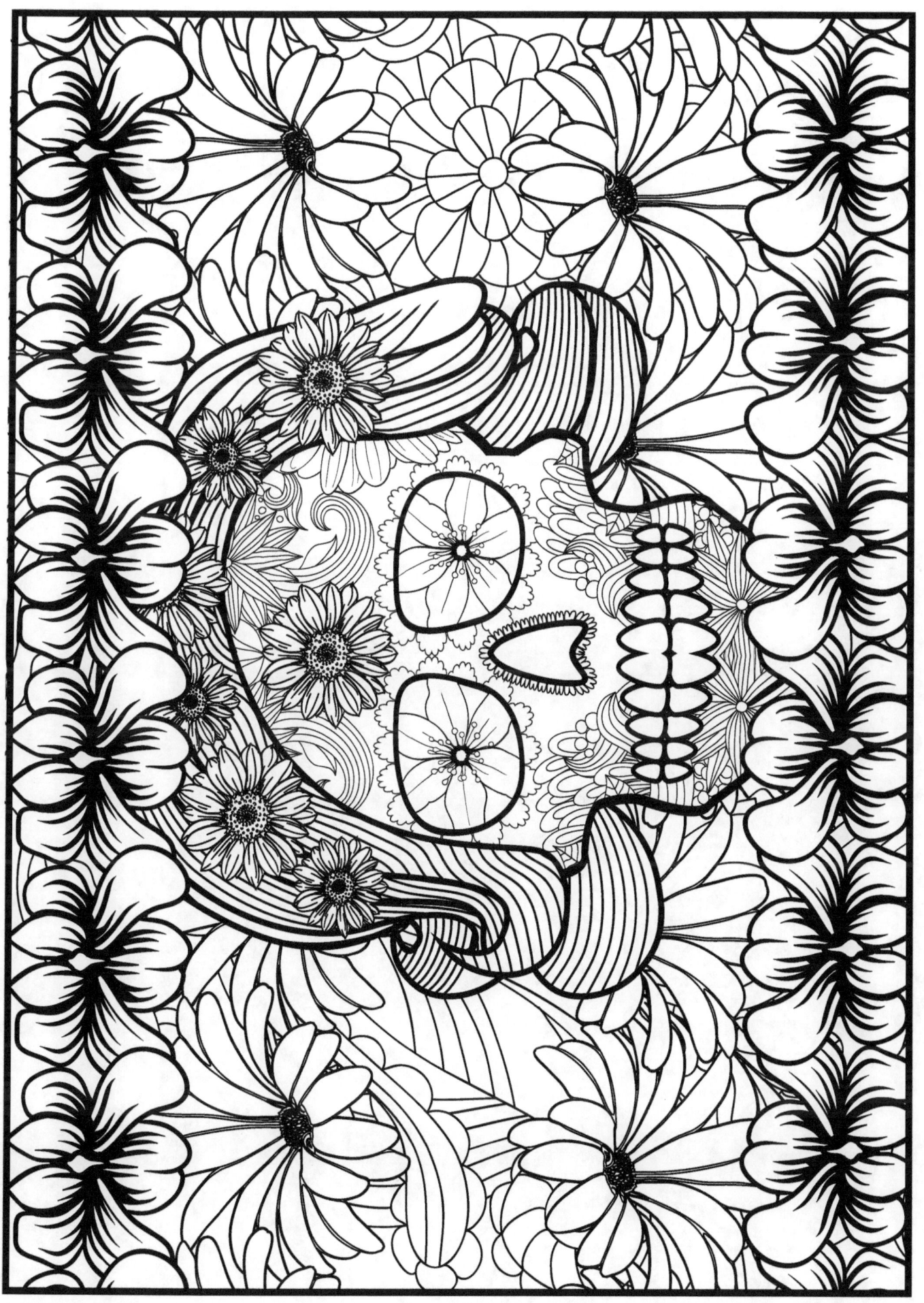

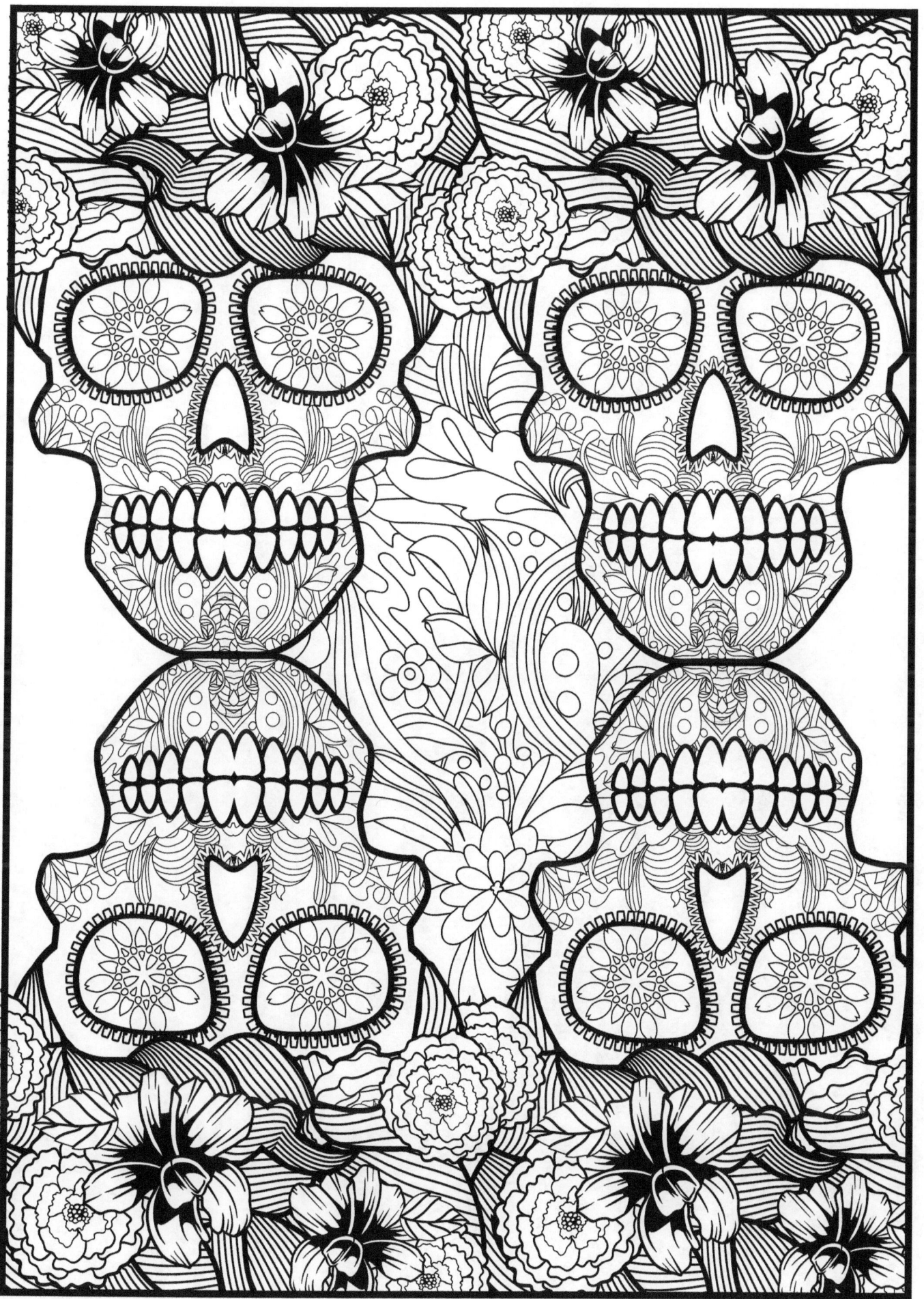

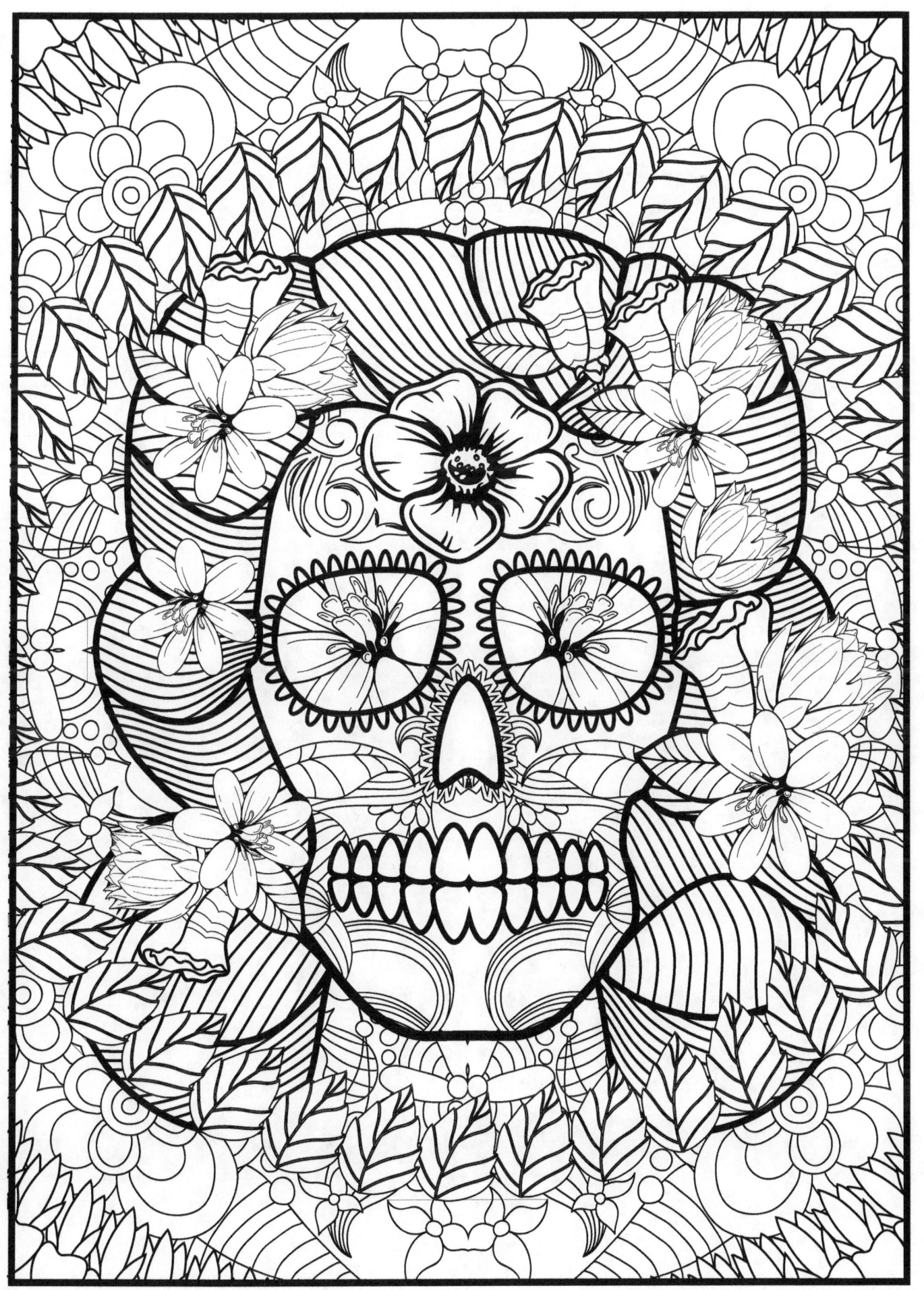

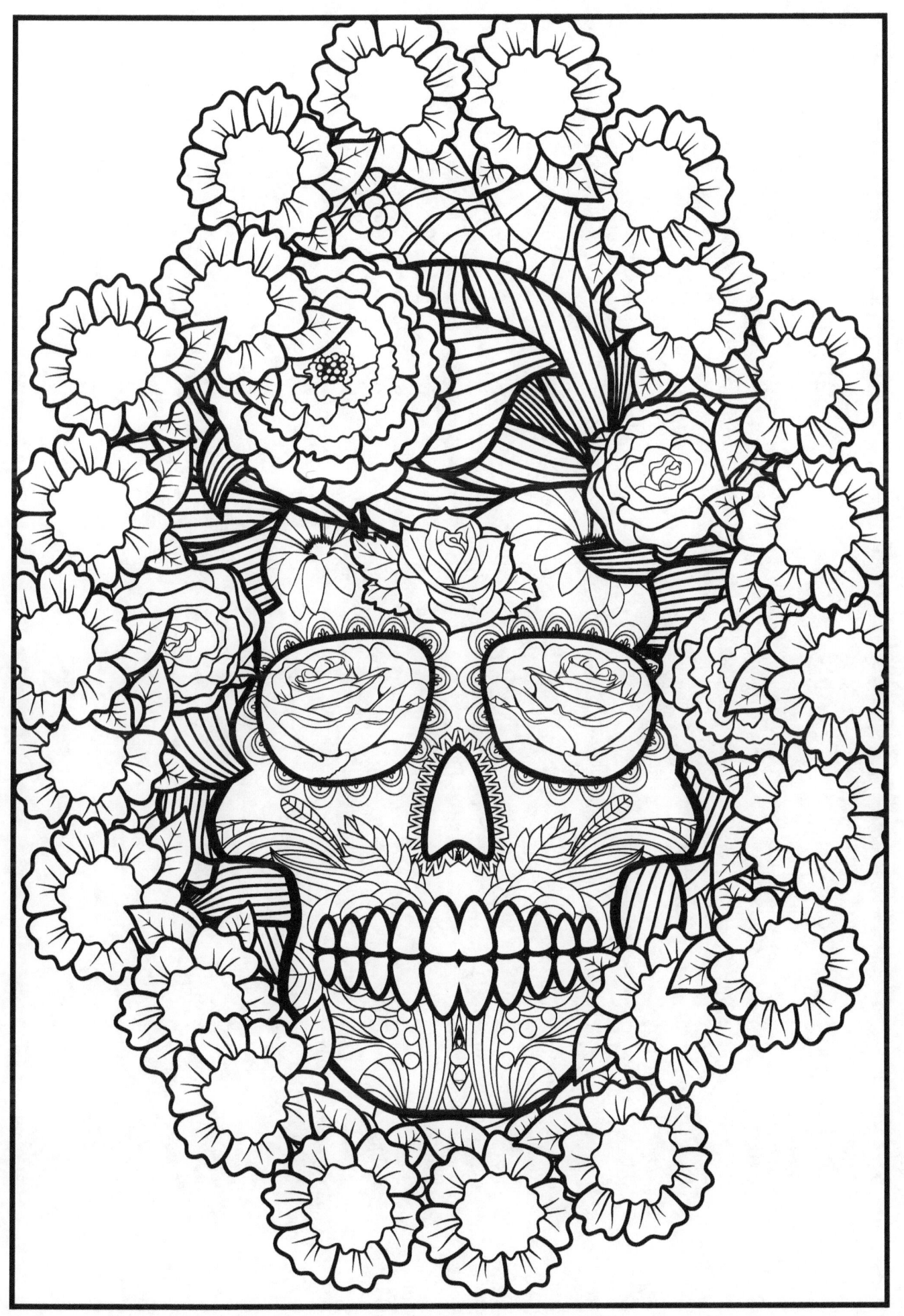

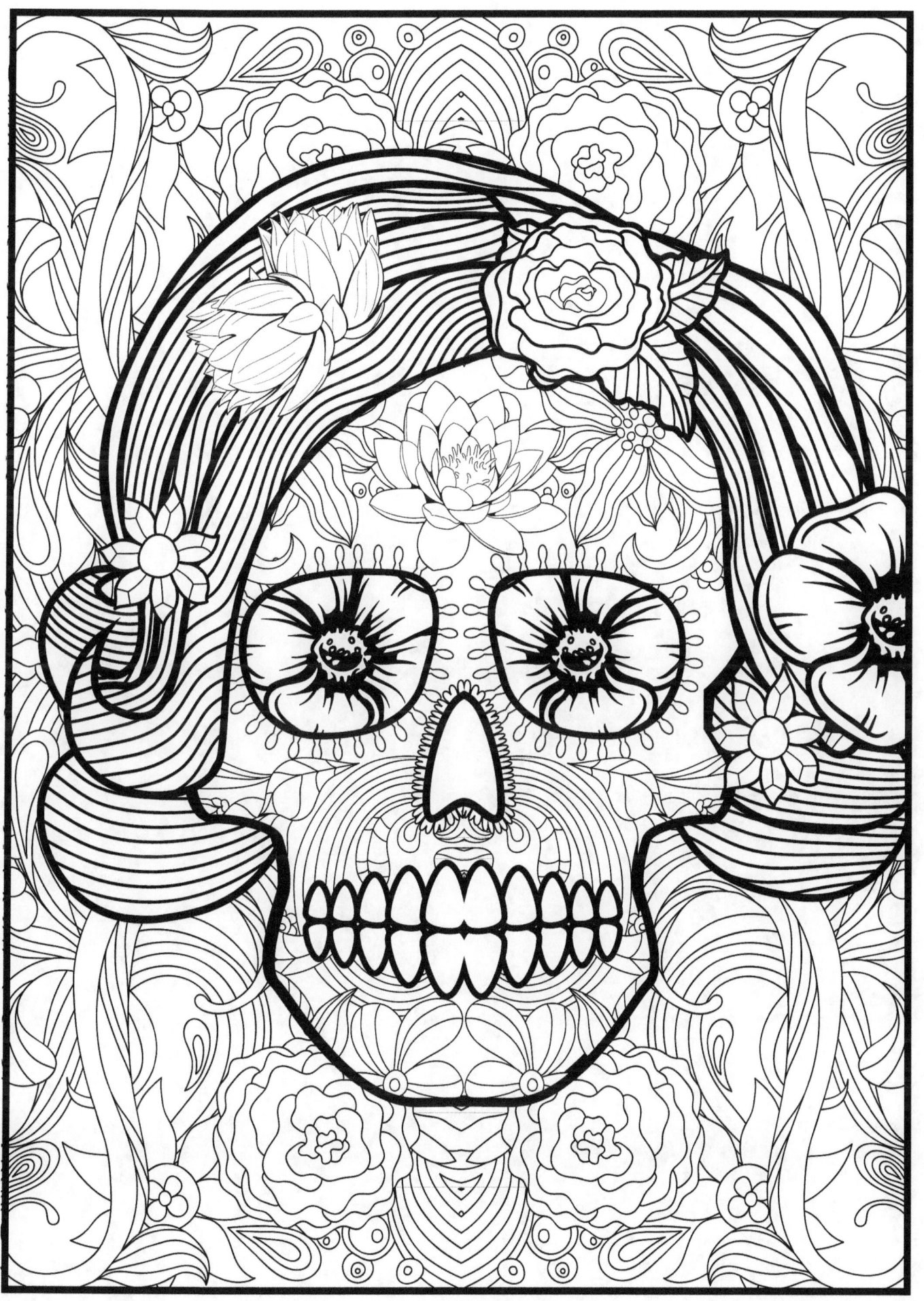

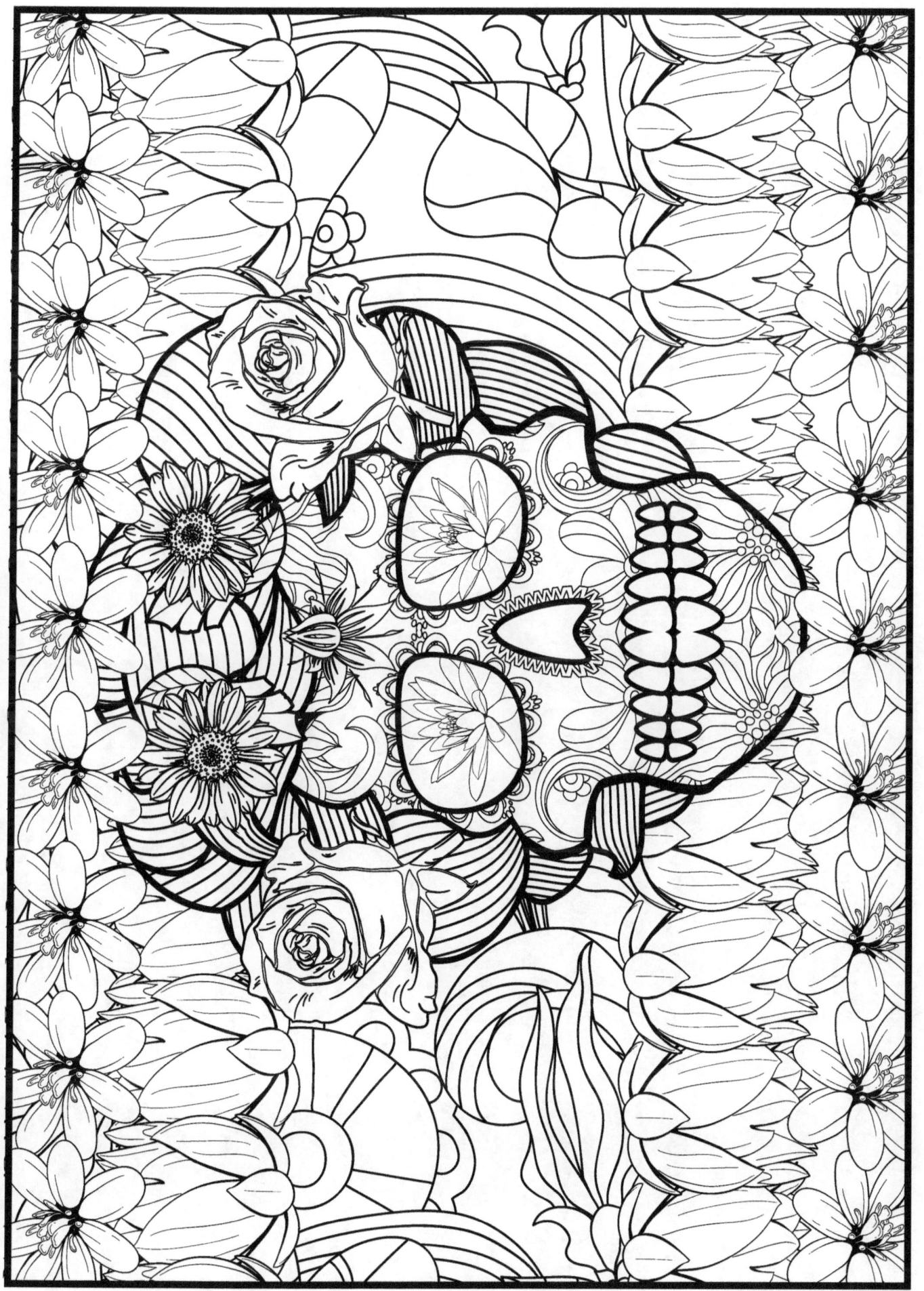

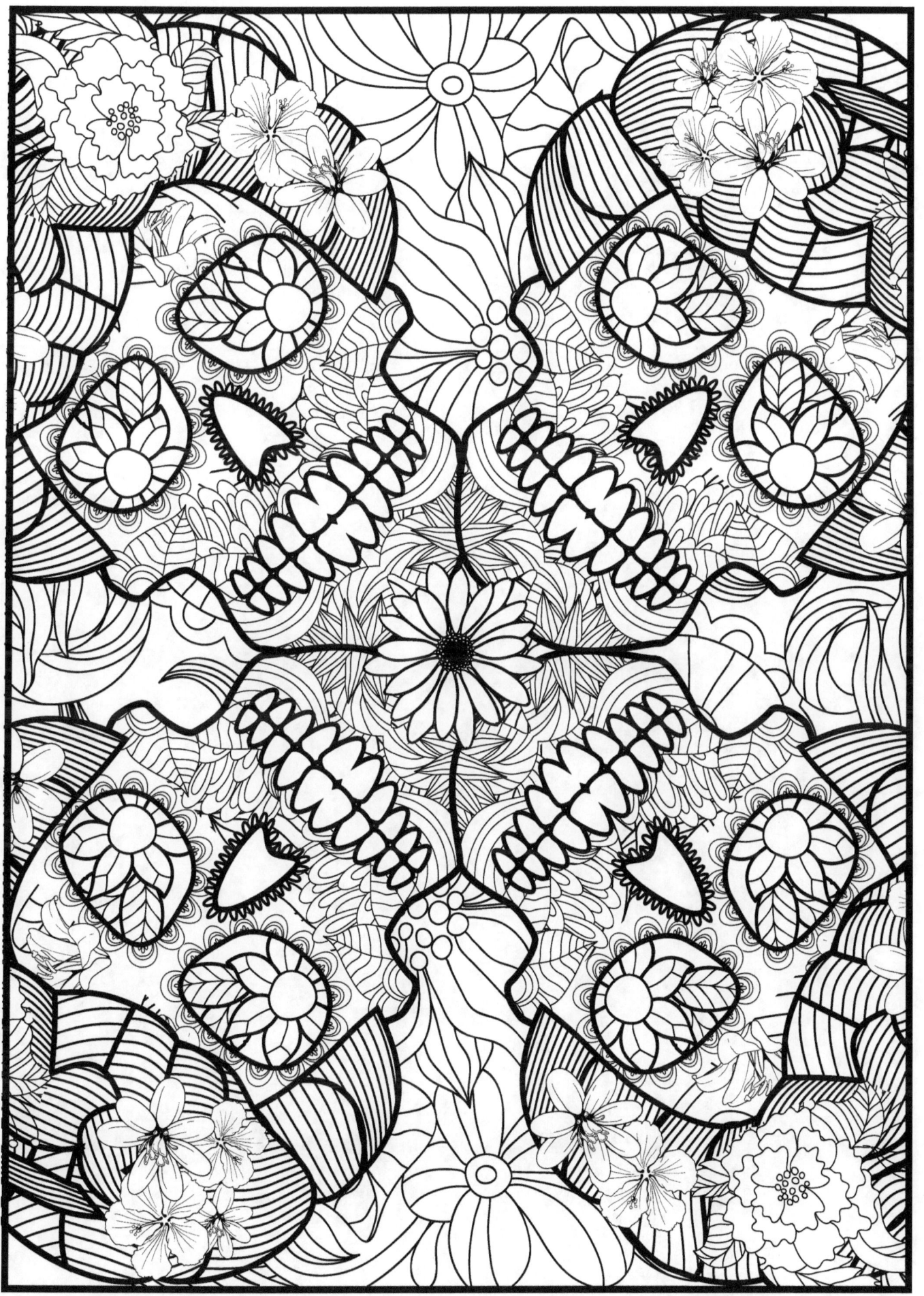

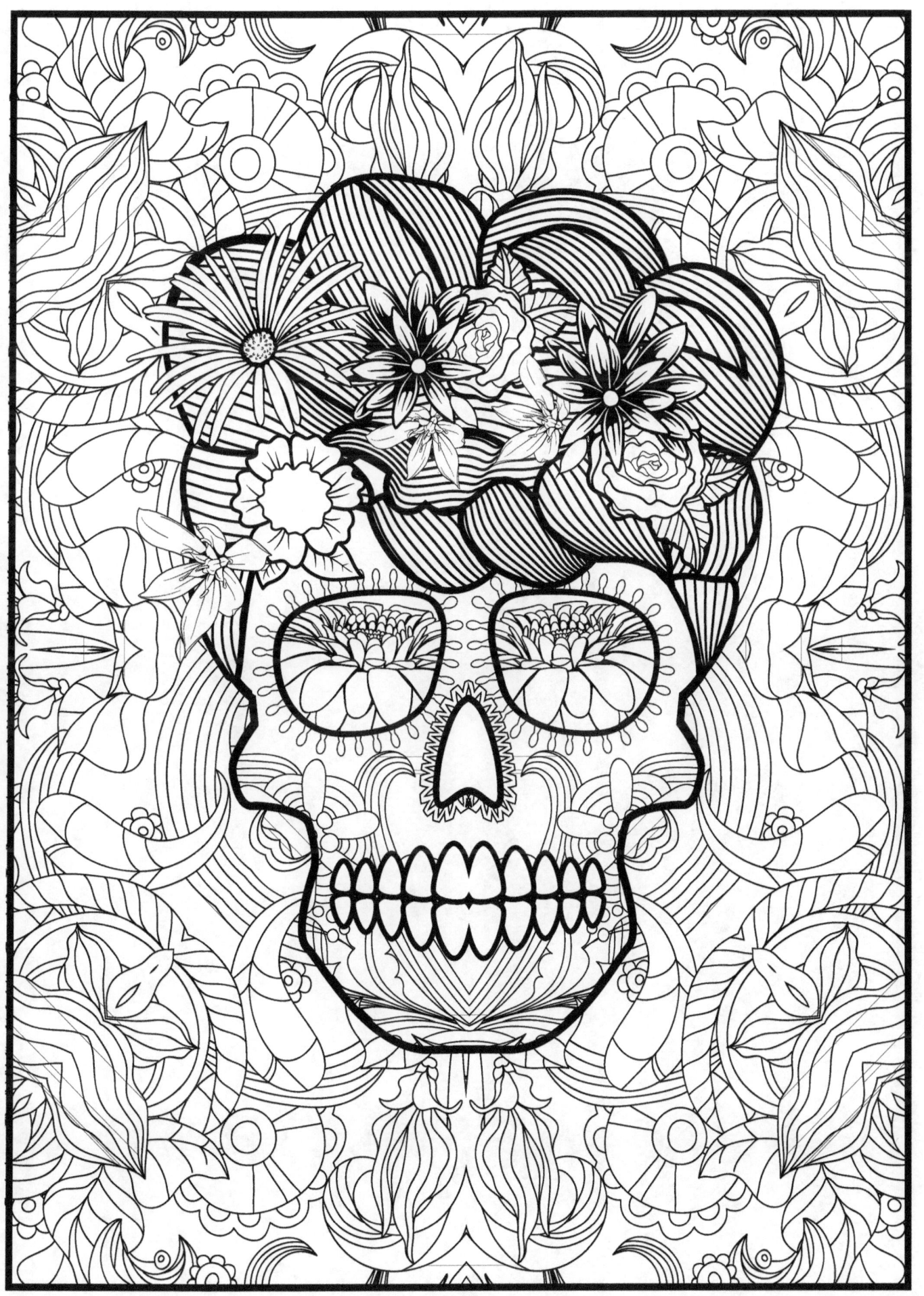

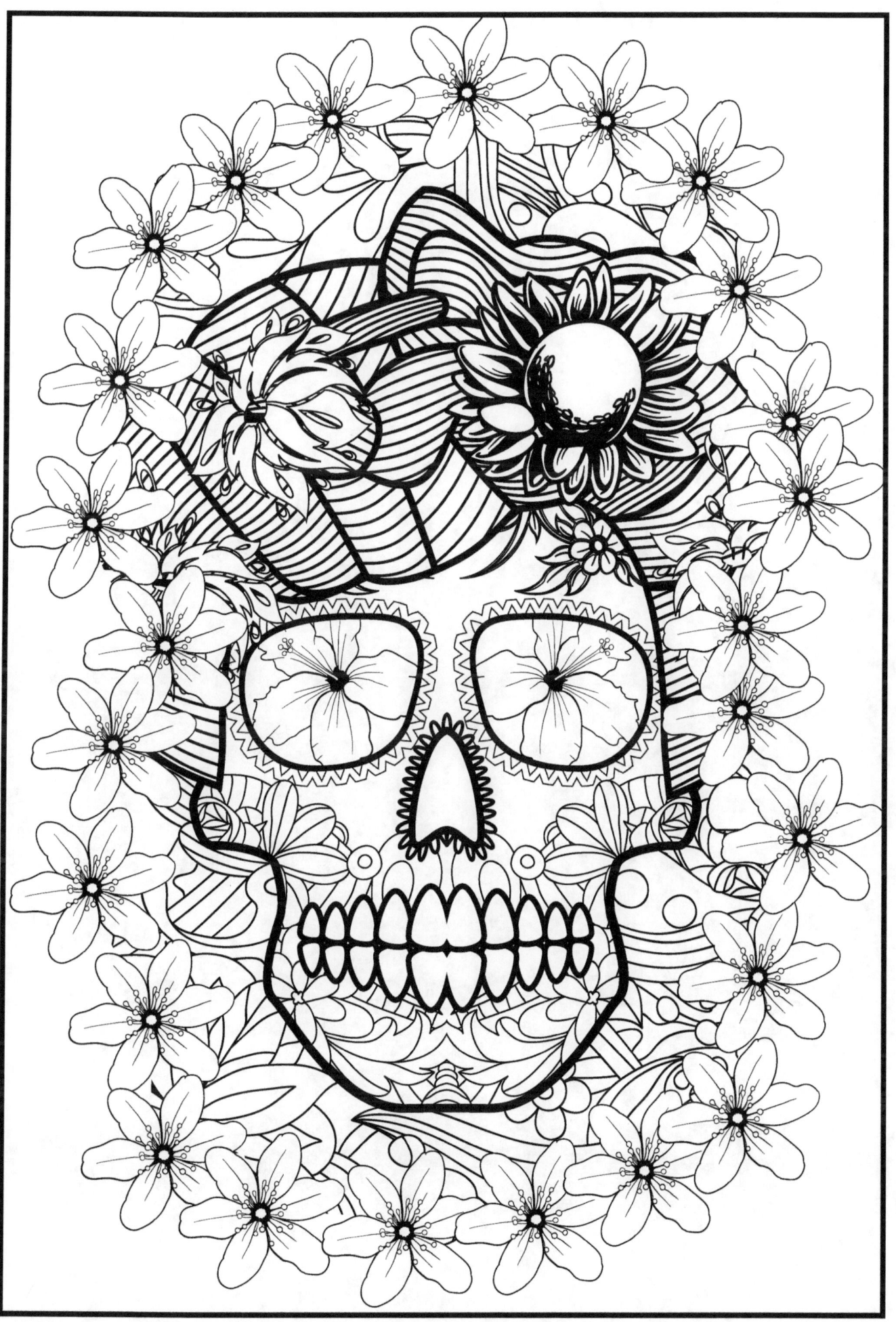

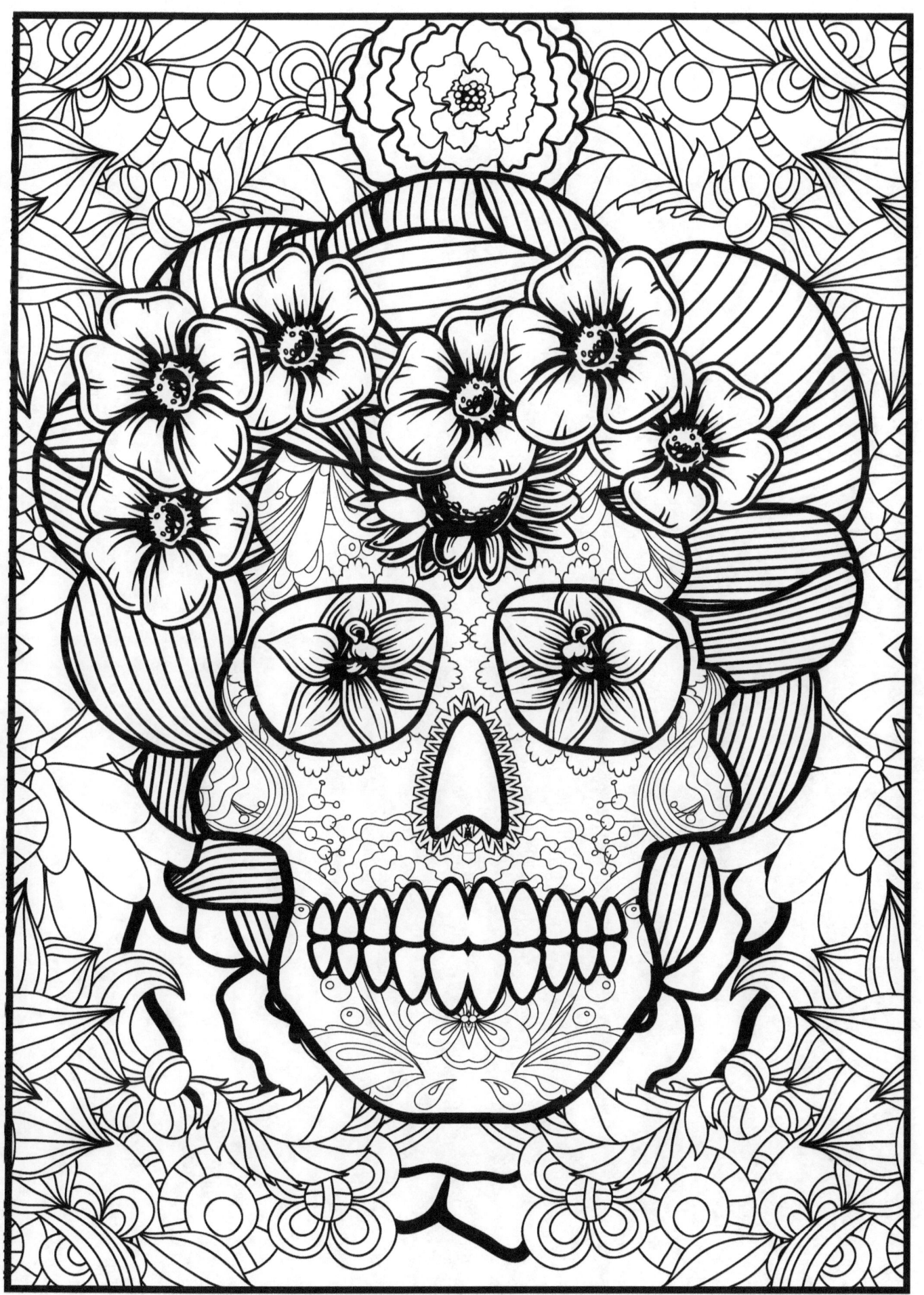

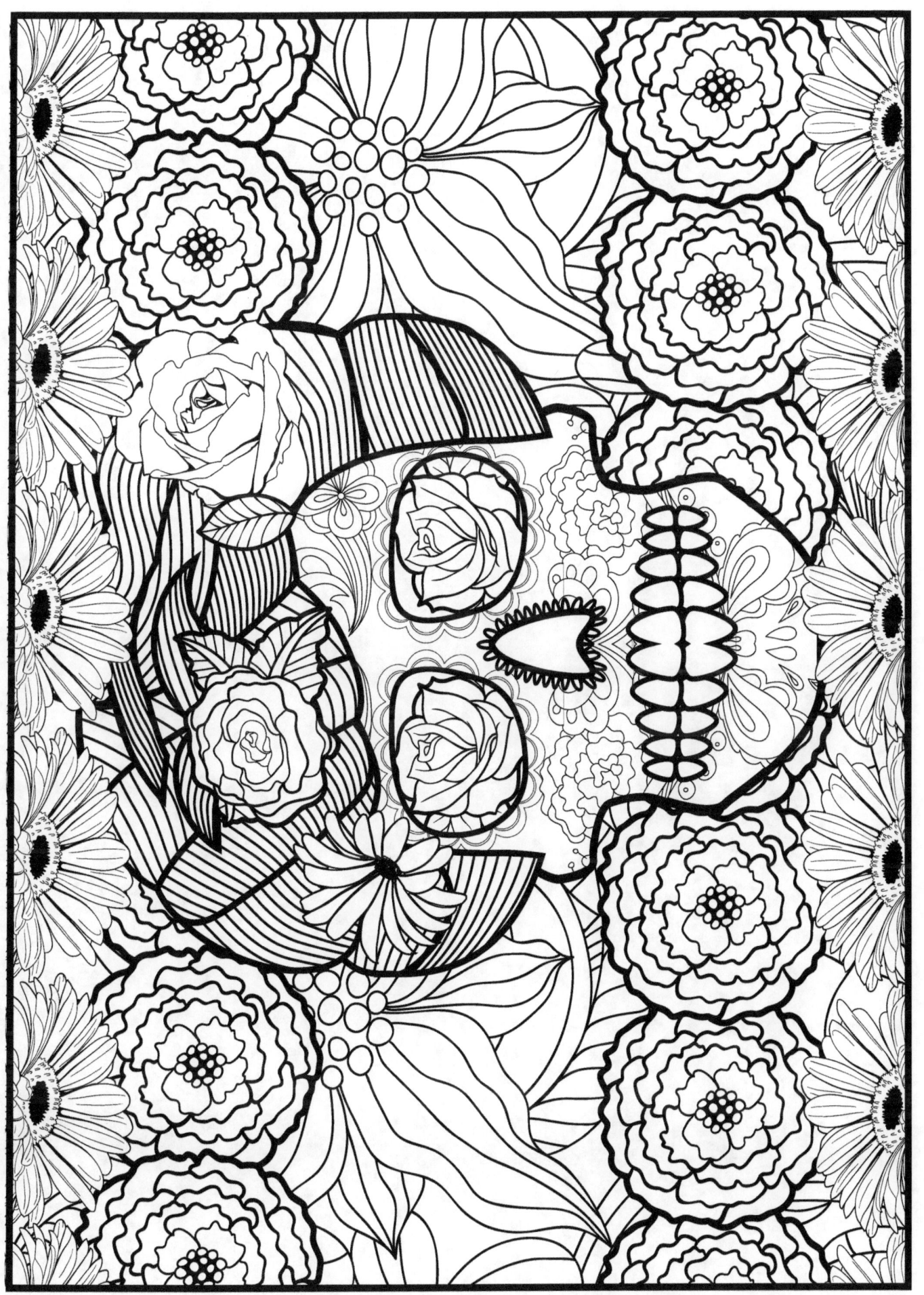

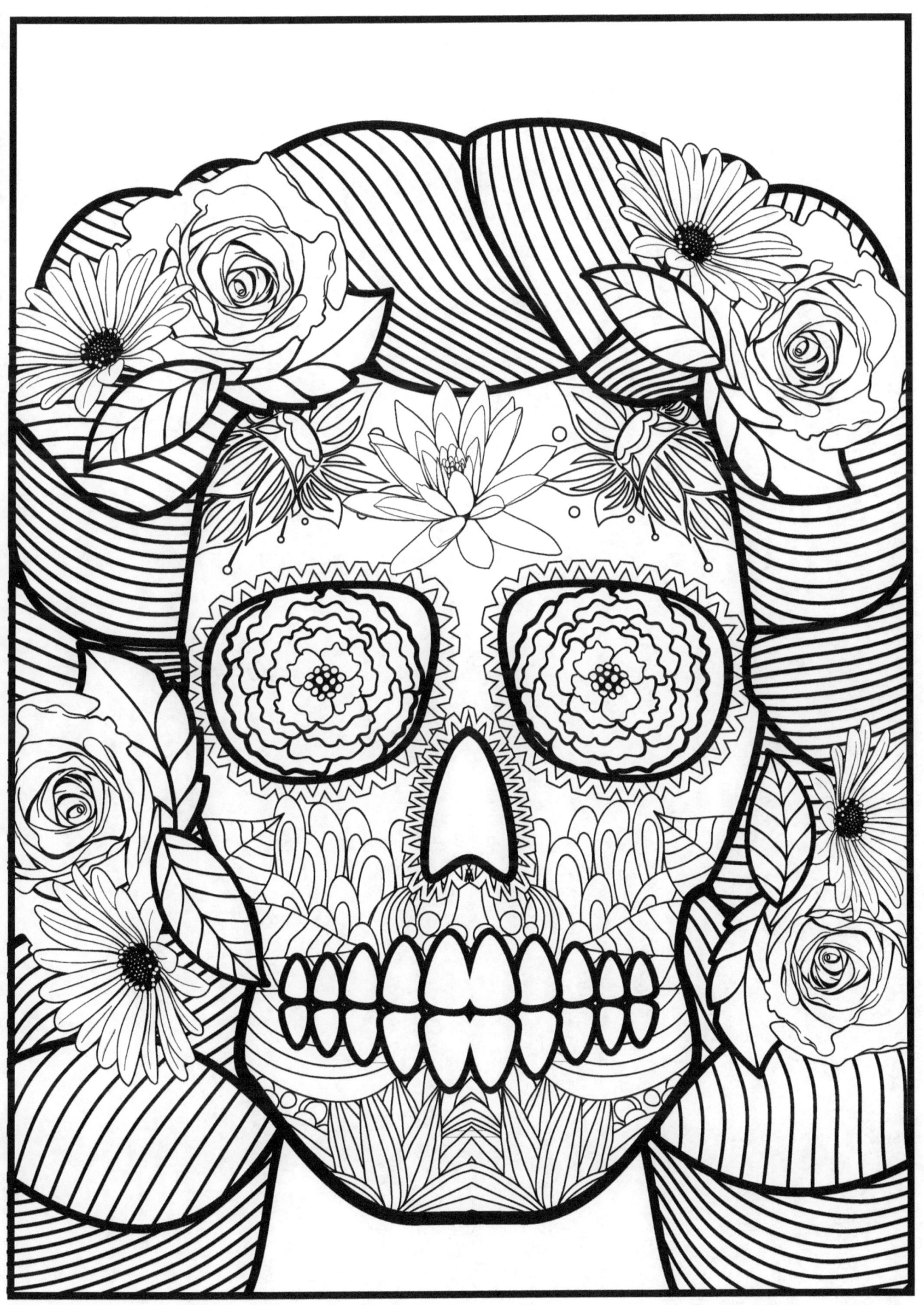

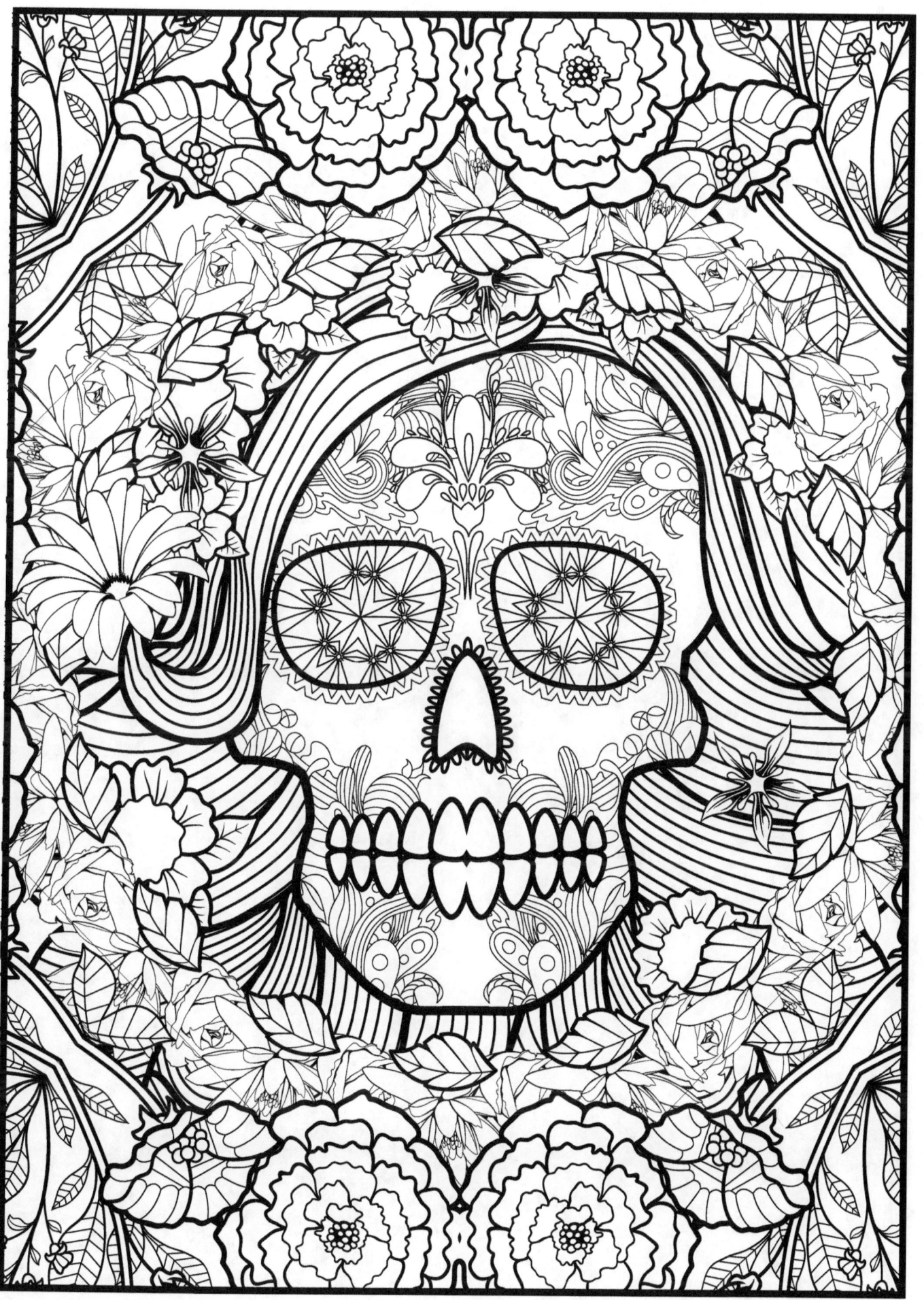

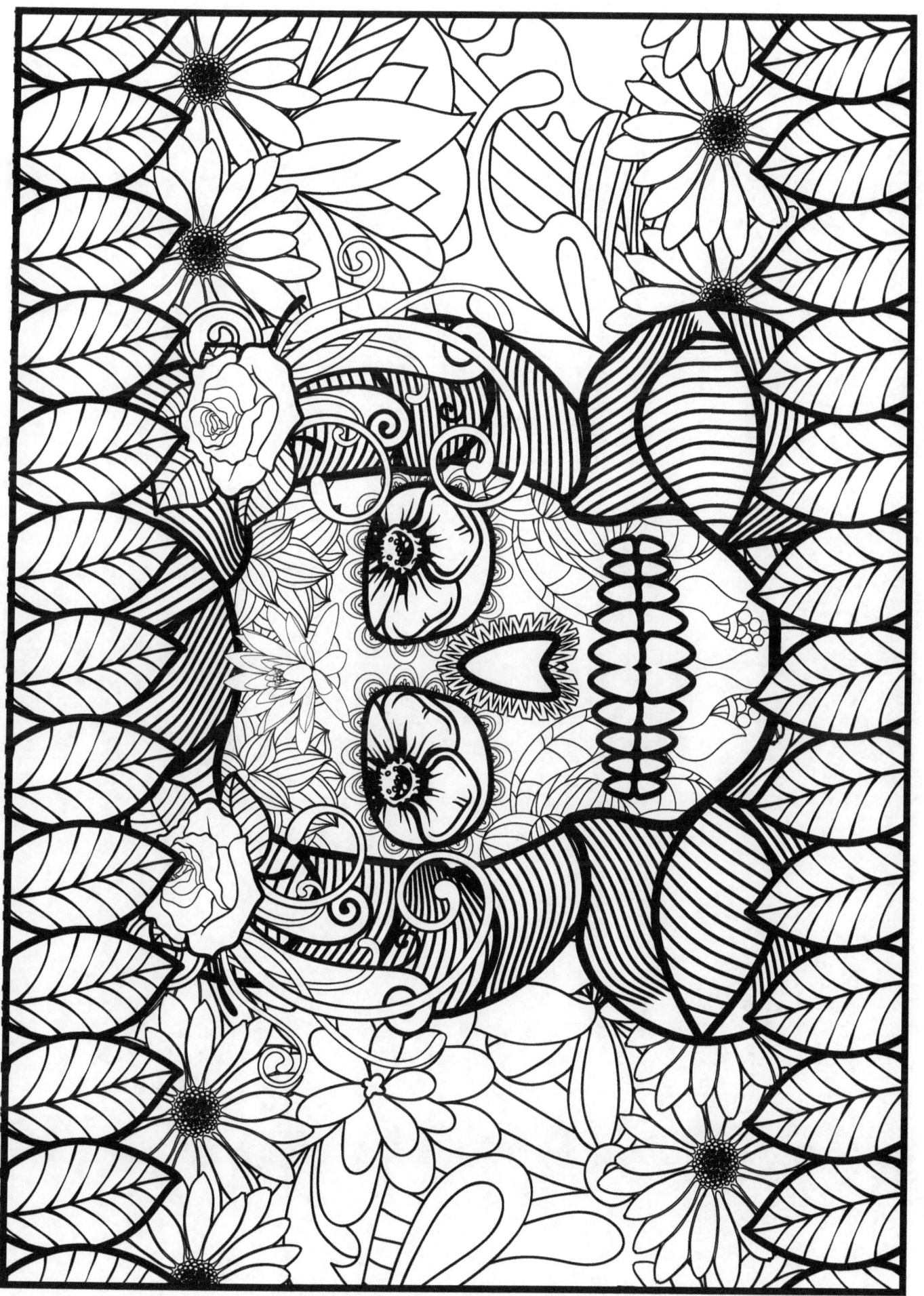

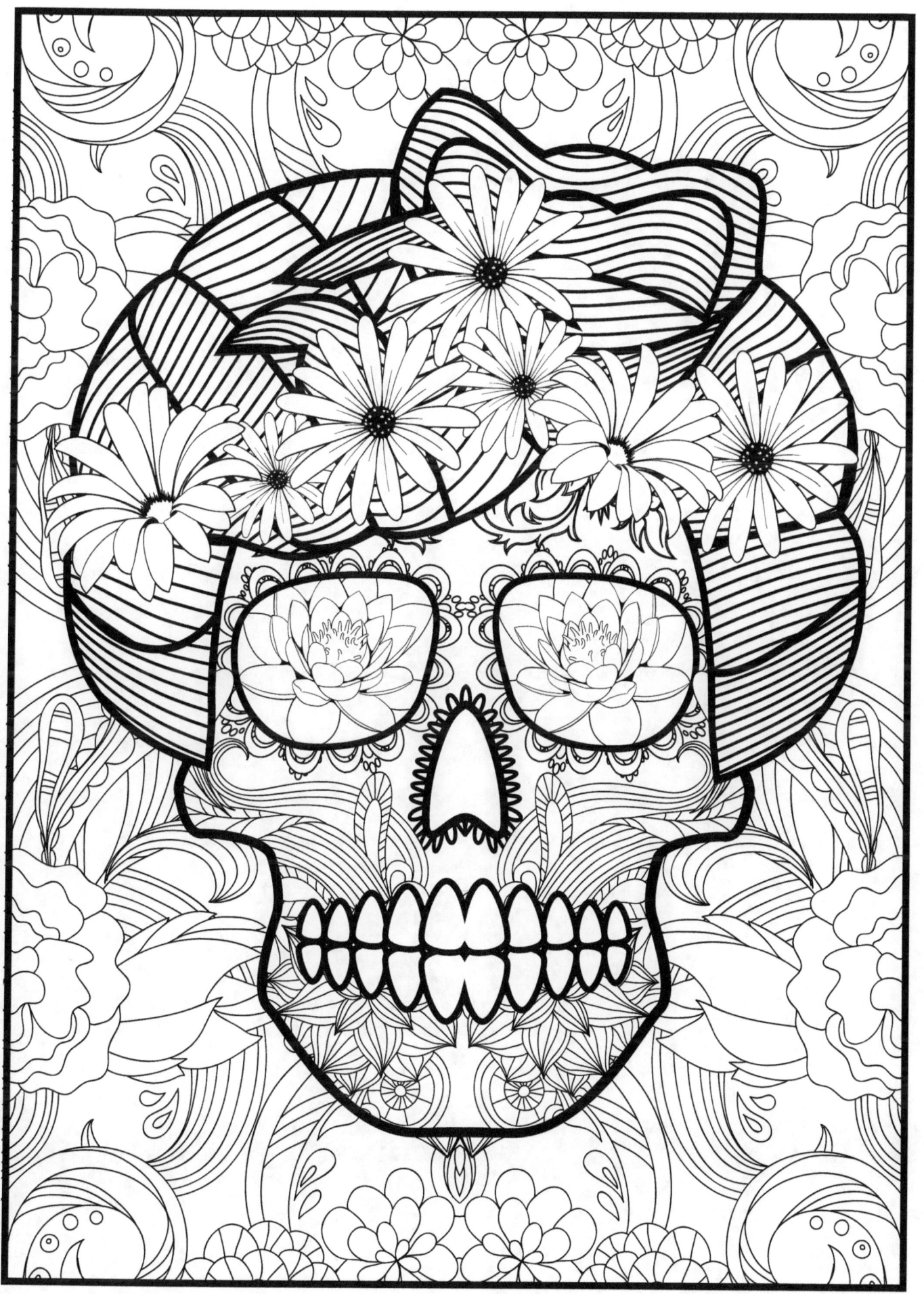

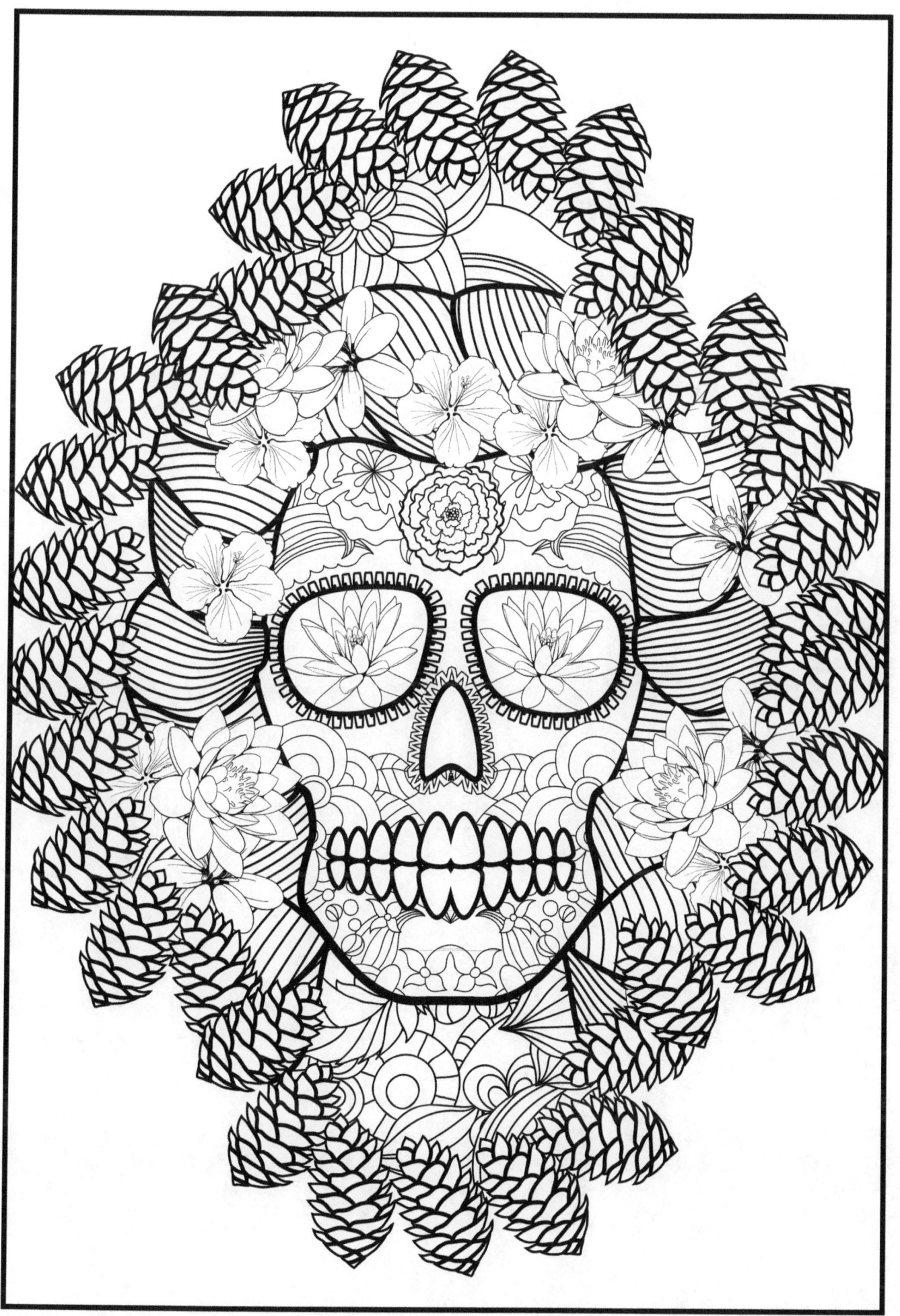

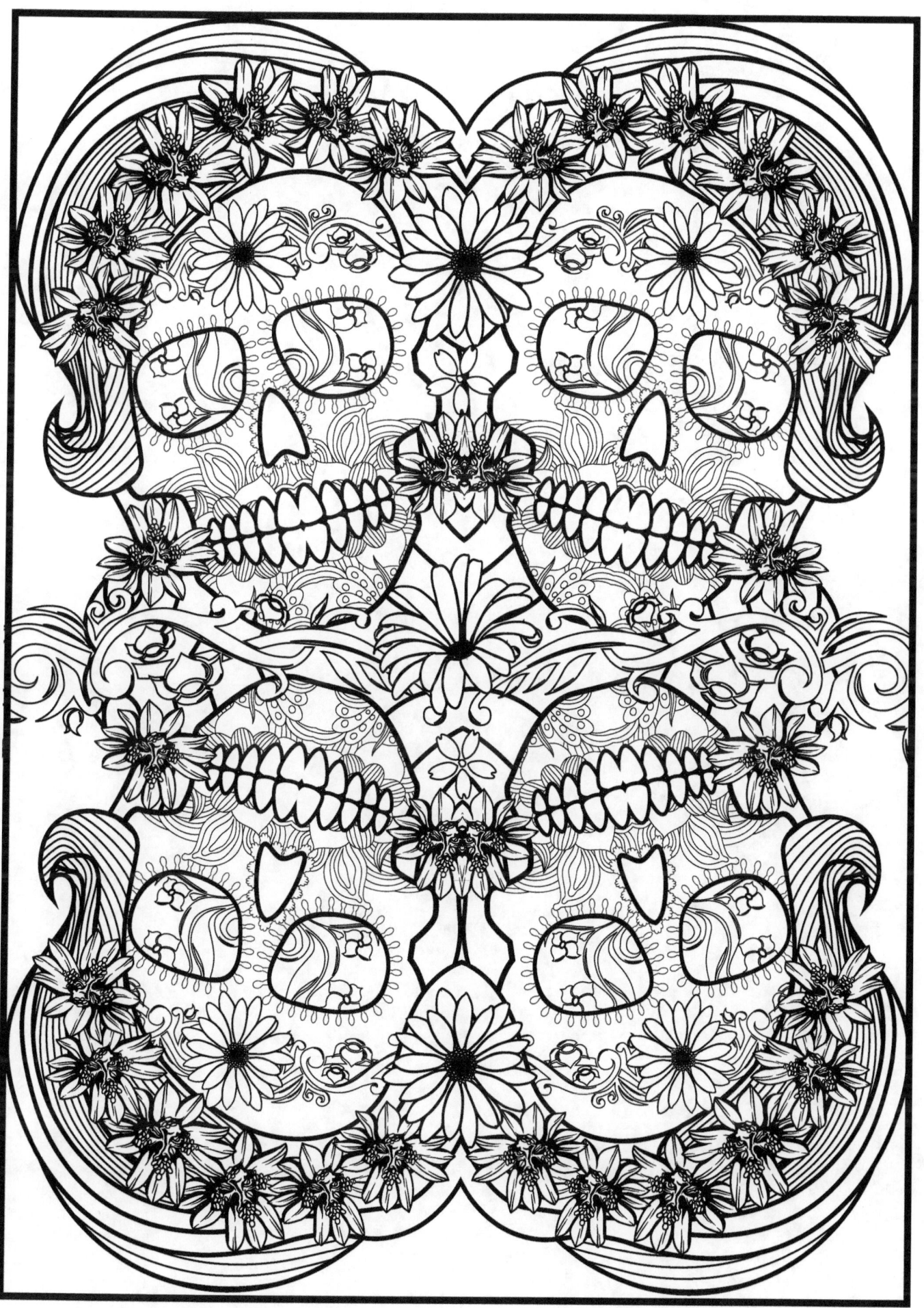

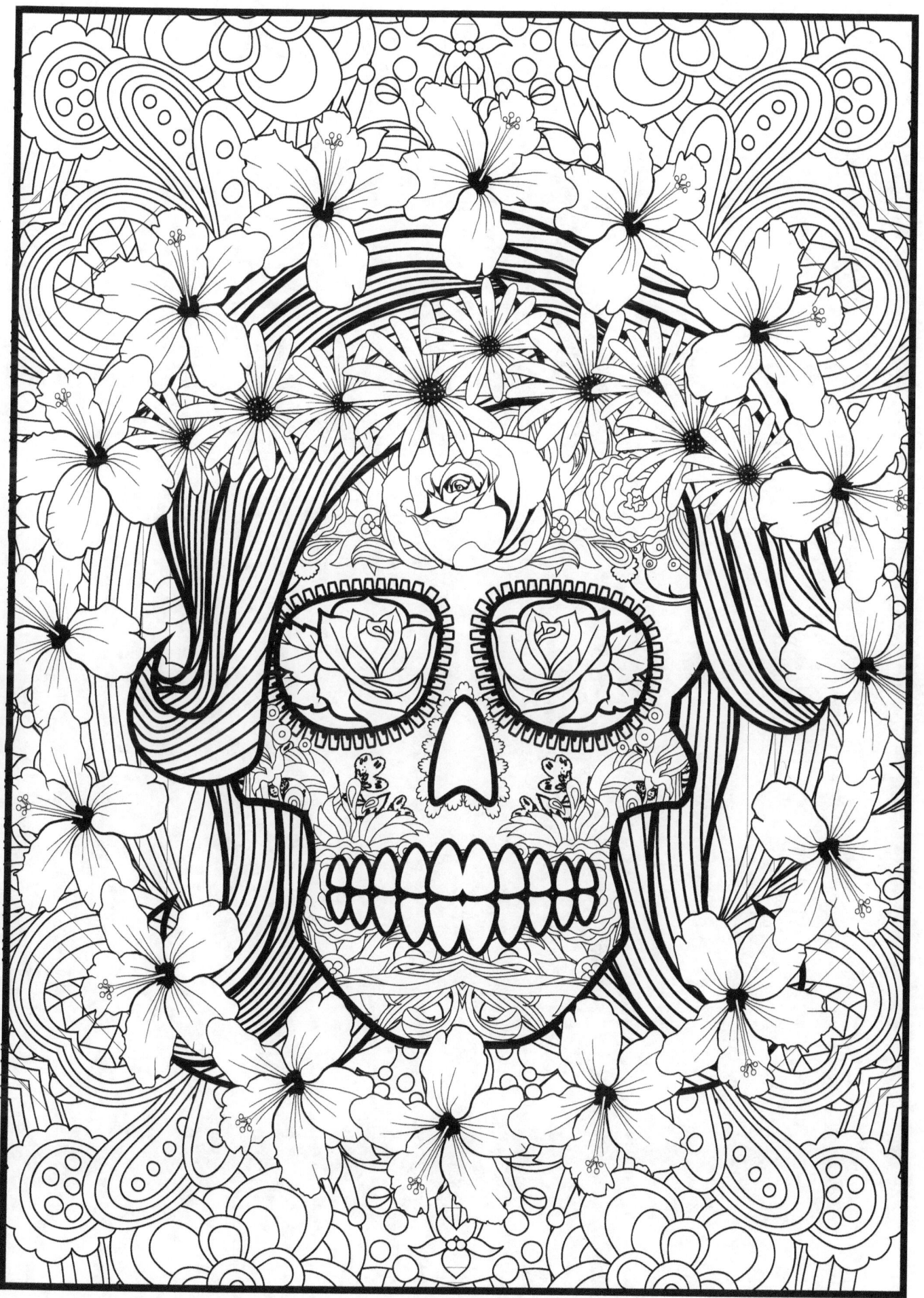

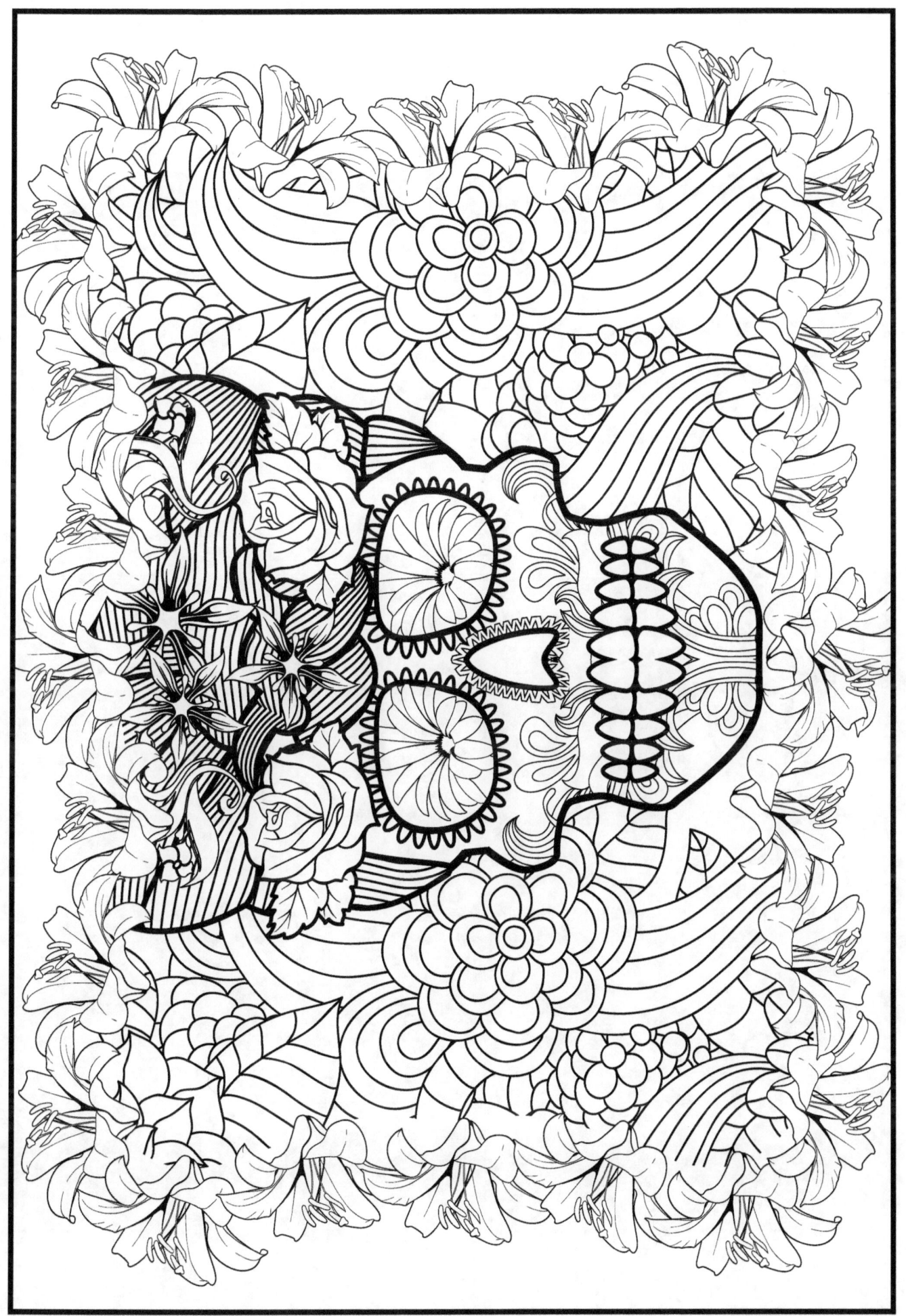

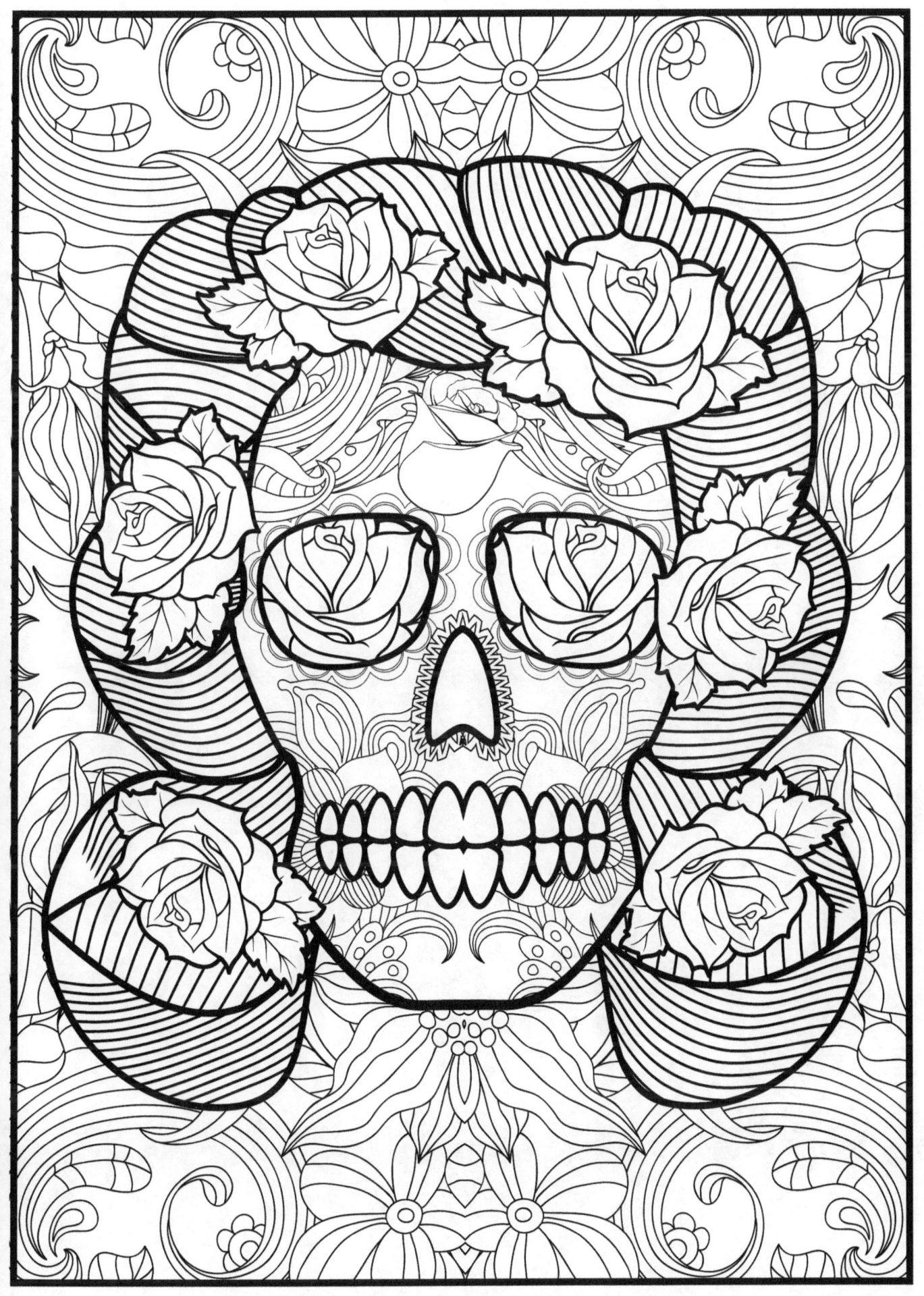

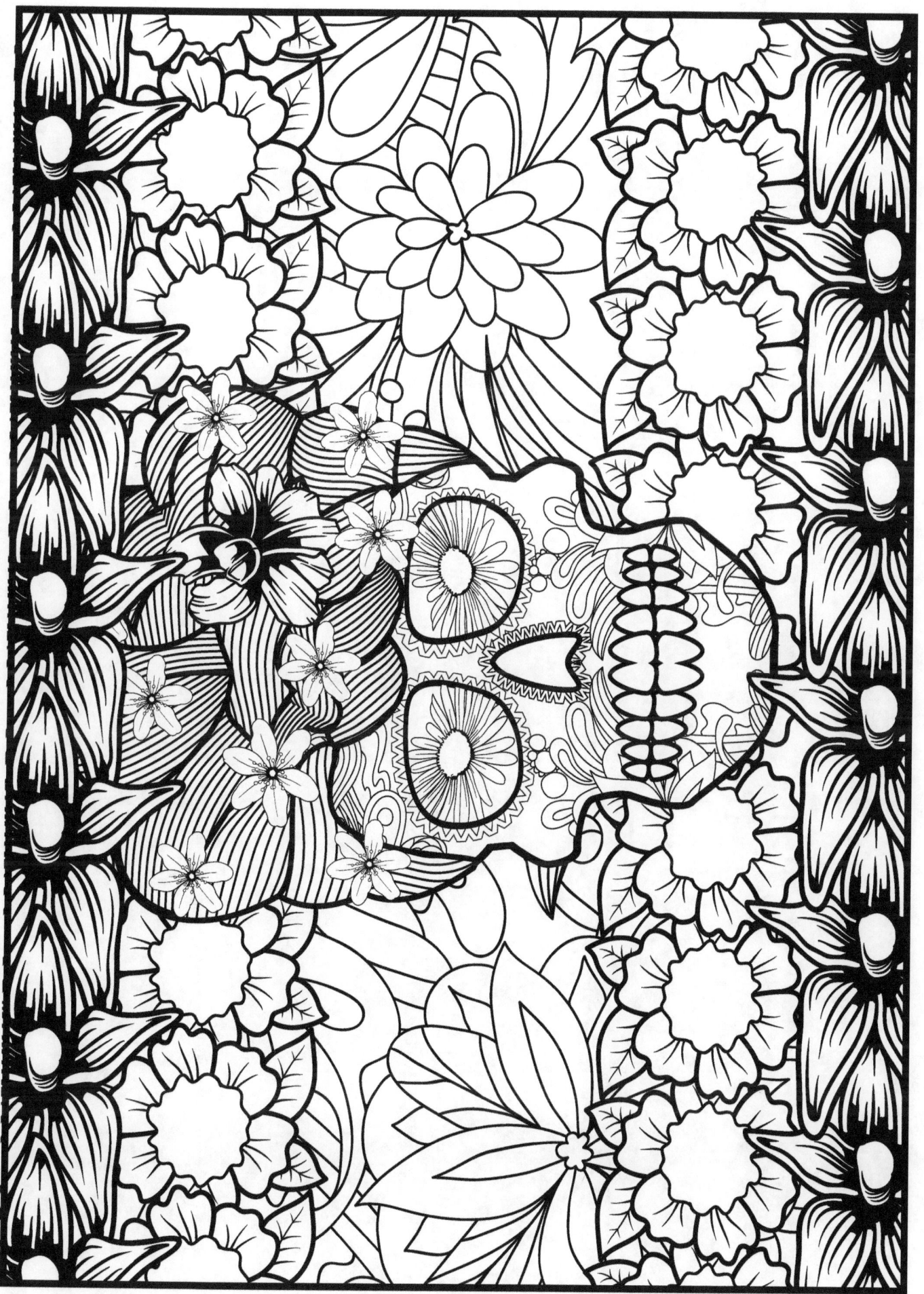

www.ingramcontent.com/pod-product-compliance
Lightning Source LLC
Chambersburg PA
CBHW080623190526
45169CB00009B/3276